职业教育校企合作精品教材

仓储与配送实务
（第 2 版）

主　编　万顺江

副主编　韩笑云　张锦忠

电子工业出版社

Publishing House of Electronics Industry

北京·BEIJING

内容简介

本书是职业教育校企合作精品教材之一。为了充分体现"做中学，做中教"和"做、学、教"理实一体、做学合一的职业教育教学特色，培养学生技能，本书以工作过程为导向，以项目、任务为载体组织教学单元。全书共5个项目、26个工作任务，以物流仓储与配送企业实际作业业务流程为主线，介绍了仓储与配送作业的专业基础知识和操作技能，主要内容包括走进物流中心、物品入库作业、物品在库管理、物品出库作业、物品配送作业。

本书既可作为中等职业学校物流服务与管理专业及其他相关专业的教学用书，也可作为物流企业岗位培训和自学参考用书。

本书配有电子教学参考资料包（包括电子教案、习题答案），详见前言。

未经许可，不得以任何方式复制或抄袭本书之部分或全部内容。
版权所有，侵权必究。

图书在版编目（CIP）数据

仓储与配送实务/万顺江主编. —2版. —北京：电子工业出版社，2023.9
ISBN 978-7-121-46272-6

Ⅰ. ①仓⋯ Ⅱ. ①万⋯ Ⅲ. ①仓库管理-职业教育-教材②物资配送-物资管理-职业教育-教材 Ⅳ. ①F253

中国国家版本馆 CIP 数据核字（2023）第 168295 号

责任编辑：徐　玲　　文字编辑：张　彬
印　　刷：三河市兴达印务有限公司
装　　订：三河市兴达印务有限公司
出版发行：电子工业出版社
　　　　　北京市海淀区万寿路173信箱　邮编100036
开　　本：880×1 230　1/16　印张：12.5　字数：288千字
版　　次：2015年8月第1版
　　　　　2023年9月第2版
印　　次：2023年9月第1次印刷
定　　价：38.00元

凡所购买电子工业出版社图书有缺损问题，请向购买书店调换。若书店售缺，请与本社发行部联系，联系及邮购电话：(010) 88254888，88258888。
质量投诉请发邮件至 zlts@phei.com.cn，盗版侵权举报请发邮件至 dbqq@phei.com.cn。
本书咨询联系方式：xuling@phei.com.cn。

河南省中等职业教育校企合作精品教材
出版说明

为深入贯彻落实《河南省职业教育校企合作促进办法（试行）》（豫政〔2012〕48号）精神，切实推进职教攻坚二期工程，我们在深入行业、企业、职业院校调研的基础上，经过充分论证，按照校企"1+1"双主编与校企编者"1∶1"的原则要求，组织有关职业院校一线骨干教师和行业、企业专家，编写了河南省中等职业学校物流服务与管理专业的校企合作精品教材。

这套校企合作精品教材的特点主要体现在：一是注重与行业联系，实现专业课程内容与职业标准对接，学历证书与职业资格证书对接；二是注重与企业的联系，将"新技术、新知识、新工艺、新方法"及时编入教材，使教材内容更具前瞻性、针对性和实用性；三是反映技术技能型人才培养规律，把职业岗位需要的技能、知识、素质有机地整合到一起，真正实现教材由以知识体系为主向以技能体系为主的跨越；四是教学过程对接生产过程，充分体现"做中学，做中教"和"做、学、教"一体化的职业教育教学特色。通过本套教材的出版和使用，力争为全面推行"校企合作、工学结合、顶岗实习"人才培养模式的实施提供教材保障，为深入推进职业教育校企合作做出贡献。

在这套校企合作精品教材的编写过程中，校企双方编写人员力求体现校企合作精神，努力将教材高质量地呈现给广大师生，但由于本次教材编写是一次创新性的工作，书中难免存在不足之处，敬请读者提出宝贵意见和建议。

河南省职业技术教育教学研究室
2015 年 5 月

第 2 版前言

"仓储与配送实务"是中等职业学校物流服务与管理专业学生必修的一门专业技能课程。党的二十大报告提出："教育是国之大计、党之大计。"为保证教材质量，编写教材时力争语言通俗、解释准确，既方便教师教学，也方便学生自学。与第 1 版相比，新修订的《仓储与配送实务（第 2 版）》教材具有如下主要特点。

1. 专业内容学习与课程思政教育并重

在本书的每个项目目标和任务评价中，除了强调专业内容学习，还坚持知识传授与价值引领相统一，充分发挥专业课程的育人功能，将思想政治教育贯穿于人才培养的全过程，弘扬工匠精神、劳动精神和劳模精神，引导学生树立正确的世界观、人生观和价值观，努力成为德智体美劳全面发展的社会主义建设者和接班人。

2. 遵循职业教育教学规律和技术技能型人才成长规律

本书以精心设计的典型职场任务情境为导入，给学生带来真实的职场情境体验，激发学生的学习兴趣，培养学生融入职业实践、学以致用的意识和习惯，因此更符合中职学校学生的认知特点，体现职业教育理念，适应专业建设、课程建设、教学模式与方法改革创新等方面的要求。

3. 对接最新中国物流标准，内容更加先进科学

《中华人民共和国国家标准：物流术语》（GB/T 18354—2021）已于 2021 年 8 月 20 日发布，2021 年 12 月 1 日正式实施。本书在修订过程中始终以《中华人民共和国国家标准：物流术语》（GB/T 18354—2021）为标准，把近年来物流产业科技发展中比较成熟的新概念、新规范、新知识、新技术等内容编写到教材中，使教材内容更加先进和科学。

全书共 5 个项目，本课程建议学时为 108 学时，学时分配建议如下。

项目名称	建议学时
项目一 走进物流中心	8
项目二 物品入库作业	30
项目三 物品在库管理	24
项目四 物品出库作业	24
项目五 物品配送作业	22
总学时	108

本书由河南省教育科学规划与评估院组织编写，由河南省理工中等专业学校万顺江担任主编，河南省理工中等专业学校韩笑云、河南省物流与采购联合会张锦忠共同担任副主编，郑州市经济贸易学校徐文娟、河南省商务中等职业学校梁玲和河南省理工中等专业学

校刘源参与了编写工作,全书由万顺江负责拟订提纲和定稿。

为了方便教师教学,本书配有电子教学参考资料包(包括电子教案、习题答案)。请有此需要的教师登录华信教育资源网,免费注册后再进行下载。

在本书的编写过程中借鉴和参考了大量的文献资料,引用了国内外众多学者的研究成果,在此表示衷心的感谢和敬意。由于理论水平、实践经验和时间因素的制约,书中不足之处在所难免,敬请各位专家和广大读者提出宝贵意见和建议,以便进一步修订和完善。

编 者

2022 年 8 月

第1版前言

"仓储与配送实务"是中等职业学校物流服务与管理专业学生必修的一门专业技能课程，是河南省中职教育校企合作精品教材之一。

本书的编写以《国务院关于加快发展现代职业教育的决定》和河南省职教攻坚有关加强职业教育校企合作的精神为指导，以郑州某城市连锁经营企业为背景，以职业能力分析为基础，面向物流仓储与配送企业整个工作过程，把职业岗位需要的知识、技能、素养有机地整合在一起，力求实现由以知识体系为主向以技能体系为主的转变。与传统教材相比，本书具有以下特点。

1. 突出专业技能和职业素养的培养

"仓储与配送实务"是一门实践性、应用性很强的专业技能课程。在"以培养学生职业能力为目标"的教改思想指导下，本书的编写打破了传统学科框架体系，以工作过程为导向，以职业能力为本位，通过给出具体的工作任务，让学生在完成工作任务的过程中学习仓储与配送工作的专业理论知识和业务操作技能，同时培养学生认真、严谨的工作作风和良好的安全作业意识等职业素养。

2. 教材体例和呈现形式突出职教特色

本书围绕郑州某城市连锁经营企业物流中心实际作业业务流程，通过项目引领、任务驱动等实践教学模式，采用任务情境、任务要求、知识准备、任务实施、任务评价、拓展提升的教材体例和呈现形式，把教学内容有机地融合在各个工作项目任务中，充分体现"做中学，做中教"和"做、学、教"理实一体、做学合一的职业教育教学特色。

3. 降低难度，突出教材的可读性

对于理论知识，以学生的接受能力为限，以"必需"和"够用"为度，删繁就简，降低难度。在教材编写上，力求文字简练、表达通俗易懂，更多地采用以图代文、以表代文的表现形式，增强教材的表现力，让学生好学易记。

全书共5个项目，本课程建议学时为108学时，学时分配建议如下。

项 目 名 称	建 议 学 时
项目一　走进物流中心	8
项目二　物品入库作业	30
项目三　物品在库管理	24
项目四　物品出库作业	24
项目五　物品配送作业	22
总　学　时	108

本书由河南省职业技术教育教学研究室组织编写。

为了方便教师教学，本书配有教学指南、电子教案及习题答案（电子版）。请有此需要的教师登录华信教育资源网，免费注册后再进行下载，有问题时请在网站留言板留言或与电子工业出版社联系（E-mail：hxedu@phei.com.cn）。

在本书的编写过程中借鉴和参考了大量的文献资料，引用了国内外众多学者的研究成果，在此表示衷心的感谢和敬意。由于理论水平、实践经验和时间因素的制约，书中不足之处在所难免，敬请各位专家和广大读者提出宝贵意见和建议，以便进一步修订和完善。

编　者

2015 年 5 月

目　　录

项目一　走进物流中心 ··· 1
任务一　初识物流中心 ·· 2
任务二　物流中心仓储业务 ··· 6
任务三　物流中心配送业务 ··· 14

项目二　物品入库作业 ··· 22
任务一　入库准备 ··· 23
任务二　入库储位安排 ··· 31
任务三　物品编码 ··· 36
任务四　物品接运 ··· 43
任务五　物品验收 ··· 46
任务六　物品理货码盘 ··· 54
任务七　物品上架 ··· 61
任务八　办理入库手续 ··· 65

项目三　物品在库管理 ··· 72
任务一　物品堆码 ··· 73
任务二　物品苫垫 ··· 80
任务三　物品盘点 ··· 86
任务四　物品保管和养护 ··· 97
任务五　仓库消防安全 ·· 104

项目四　物品出库作业 ·· 112
任务一　订单处理 ·· 113
任务二　拣选 ·· 119
任务三　补货 ·· 134
任务四　完成物品出库作业 ·· 140
任务五　物品加工包装 ·· 146

项目五　物品配送作业 ·· 157
任务一　车辆调度 ·· 158
任务二　车辆配装 ·· 166
任务三　送货 ·· 171
任务四　交单签收 ·· 176
任务五　返品处理 ·· 181

参考文献 ··· 190

项目一

走进物流中心

项目目标

1. 了解物流中心的基本功能和类型。
2. 掌握物流中心作业流程。
3. 了解物流中心仓储业务的内容及仓储部门岗位职责。
4. 了解配送中心的功能及配送部门岗位职责。
5. 培养学生的安全作业意识及良好的职业行为规范。
6. 培养学生严谨、认真、细致的工作作风。
7. 培养学生的团队合作精神及沟通能力。

任务一　初识物流中心

任务情境

党的二十大报告提出:"教育、科技、人才是全面建设社会主义现代化国家的基础性、战略性支撑。"王杰毕业后应聘到郑州豫舟物流中心（以下简称豫舟物流中心），作为一名新员工，他将在公司老员工的带领下，对即将工作的地方有一个全面的认识……

任务要求

1. 了解物流中心的基本功能；
2. 掌握物流中心作业流程。

知识准备

一、物流中心的概念

《中华人民共和国国家标准：物流术语》（以下简称我国《物流术语》）（GB/T 18354—2021）中对物流中心的定义："具有完善的物流设施及信息网络，可便捷地连接外部交通运输网络，物流功能健全，集聚辐射范围大，储存、吞吐能力强，为客户提供专业化公共物流服务的场所。"可见，物流中心是综合性、地域性、大批量的物资位移集散地，融商流、物流、信息流和资金流为一体，是产销企业间的中介。

二、物流中心的基本功能

物流中心具备如表1-1所示的基本功能。

表1-1　物流中心的基本功能

序　号	功　　能	描　　述
1	集货、运输功能	集货是指将分散的或小批量的货物集中起来，以便进行运输、配送的活动。因为，货物集中后才能利用干线进行大批量、远距离的运输，所以集货、运输是干线运输的一种补充性运输，多是短距离、小批量的运输。通过物流中心把不同企业生产的产品集中至物流中心，物流中心负责为客户选择满足客户需要的运输方式，然后具体组织网络内部的运输作业，在规定的时间内将客户的物品运到目的地
2	分拣、组配货功能	分拣是指将物品按一定目的进行分类、拣选的相关作业；组配货是指根据客户、流向及品类，对物品进行组合、配货，以便合理安排装载的活动。物品分拣与组配货对保证物品的顺利流动，建立合理、高效的物流网络系统具有积极的意义。物流中心正是专门从事分拣、组配货工作的机构或物流据点。通过物流中心按客户要求的种类、数量进行集中配置，再向客户发送物品，可以大大节约物品分拣、组配货的作业量
3	储存功能	物流中心需要有仓储设施，但最需要的不是在物流中心储存物品，而是通过仓储环节保证市场分销活动的开展，同时尽可能降低库存占压的资金，减少储存成本

续表

序 号	功 能	描 述
4	装卸搬运功能	物流中心应该配备专业化的装载、卸载、提升、运送、堆码等装卸搬运机械设备，以提高装卸搬运作业效率，减少作业对物品造成的损毁
5	包装功能	物流中心进行包装作业的目的不是改变物品的销售包装，而是通过对销售包装进行组合、拼配、加固，形成适于物流和配送的组合包装单元
6	流通加工功能	流通加工的主要目的是方便生产或销售。物流中心会根据客户的需要，在流通过程中对产品实施简单的流通加工作业
7	结算功能	结算功能是物流中心对物流功能的一种延伸。物流中心的结算不仅仅是物流费用的结算，在从事代理、配送的情况下，物流中心还要替货主向收货人结算货款等
8	需求预测功能	自用型物流中心经常需要根据物流中心物品进货、出货信息来预测未来一段时间内的物品出/入库量，进而预测市场对物品的需求
9	物流系统设计咨询功能	公共型物流中心要充当货主的物流专家，因而必须为货主设计物流系统，代替货主选择和评价运输商、仓储商及其他物流服务供应商
10	物流教育与培训功能	物流中心的运作需要货主的支持与理解，通过向货主提供物流培训服务，可以培养货主与物流中心经营管理者的认同感，提高货主的物流管理水平，将物流中心经营管理者的要求传达给货主，便于确立物流作业标准

三、物流中心作业流程

以城市连锁经营企业物流中心为例，物流中心作业流程如图1-1所示。

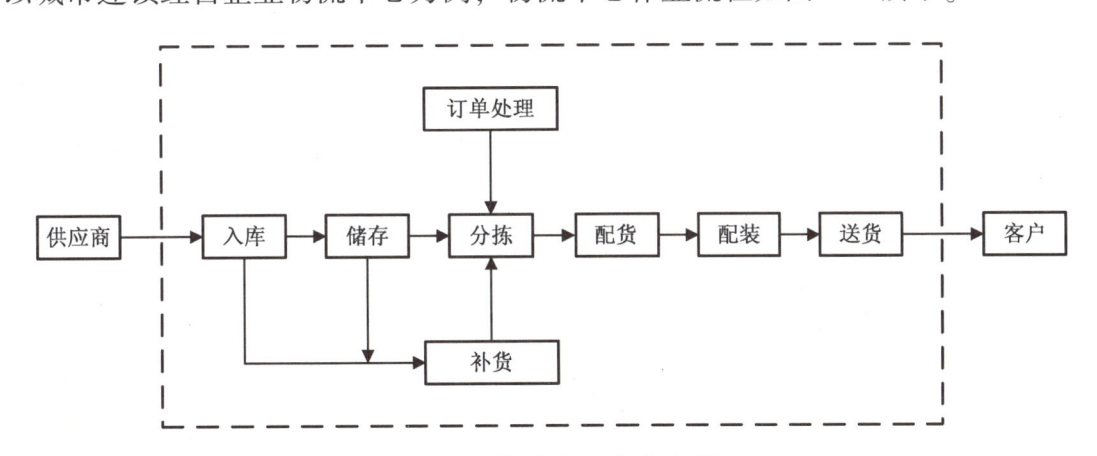

图1-1 物流中心作业流程

任务实施

步骤一 对豫舟物流中心的调研

调研内容：了解豫舟物流中心的工作任务、一般工作流程、物流中心组织结构及各岗位职责，更深层次地认识现代企业对物流工作人员的职业素养要求。

步骤二 调研总结

调研结束后，分析调研内容并写出调研总结。

任务评价

内容如表1-2和表1-3所示。

表1-2 小组评价表

班级		小组			
任务名称		初识物流中心			
评价项目	评价标准	参考分值	评价得分		
			自评	组间互评（平均）	教师评价
任务完成情况及有关内容	按时、操作规范地完成任务	20			
	具有良好的安全作业观念和环保节约意识	15			
	具有良好的团队合作精神和创新精神	15			
	小计	50			
合计（自评×20%+互评×40%+教师评×40%）					

表1-3 小组成员评价表

班级		小组		姓名		
任务名称		初识物流中心				
评价项目	评价标准	参考分值	评价得分			
			自评	组内互评（平均）	教师评价	
职业素养	参与作业任务的精神面貌	5				
	有良好的职业道德，爱岗敬业、吃苦耐劳，具有工匠精神	10				
	有较强的沟通能力和人际关系协调能力	5				
专业知识和技能	掌握相关的专业基础知识	10				
	能应用所学相关专业知识，发挥专业技能水平，完成作业任务	20				
	小计	50				
合计（自评×20%+互评×40%+教师评×40%）						

注：1. 学生实际得分=小组评价得分+小组成员评价得分。

2. 考评满分为100分，59分及以下为不及格；60～70分为及格；71～89分为良好；90分及以上为优秀。

拓展提升

一、物流中心的类型

典型的物流中心主要分为如表1-4所示的几种类型。

表1-4 物流中心的类型

序号	分类标准	类型	描述
1	依功能分类	集货中心	将分散的或小批量的物品集中成大批量物品的物流据点。集货中心多分布在小企业群、农业区、果业区、牧业区等地域

续表

序 号	分类标准	类 型	描 述
1	依功能分类	送货中心	大批量运抵的物品换装成小批量物品并送到客户手中的物流据点。送货中心运进的多是集装的、散装的、大批量的、大型包装的物品，运出的多是经分装加工转换成小包装的物品。送货中心多分布在产品使用地、消费地或车站、码头、机场所在地
		转运中心	实现不同运输方式或同种运输方式联合（接力）运输的物流据点，通常被称为多式联运站、集装箱中转站、货运中转站等
		加工中心	将运抵的物品经过流通加工后运送到客户手中或使用地点
		配送中心	具有完善的配送基础设施和信息网络，可便捷地连接对外交通运输网络，并向末端客户提供短距离、小批量、多批次配送服务的专业化配送场所
		物资中心	依托于各类物资、商品交易市场进行集货、储存、包装、装卸、配货、送货、信息咨询、货运代理等服务的物资、商品集散场所
2	依社会化程度分类	企业物流中心	为企业自身提供物流服务
		社会物流中心	专门从事社会物流业务
3	依综合程度分类	综合物流中心	可提供多种物流服务项目，规模大，服务范围广
		专业物流中心	可提供一种或几种物流服务项目，规模小，专业化程度高

二、豫舟物流中心介绍

郑州豫舟百货集团（以下简称豫舟百货）是一家集大卖场、便利店、百货店与物流中心等业态于一身的零售商业集团。为满足豫舟百货旗下大卖场、便利店及百货店等物品配送的需要，豫舟百货建设了占地面积 70 000m²、总建筑面积 52 500m² 的豫舟物流中心。豫舟物流中心配送服务区域涵盖河南省 18 个地市，包括大卖场（41 家门店）、便利店（郑州市的 100 家门店）、百货店（7 个地区的 15 家门店）。

豫舟物流中心具有较大的规模和较高的技术含量：仓库面积 23 000m²，分为验收区、储存区、退货区、待出货区，配有 30 个进/出货平台；仓储立体化，采用 9m 高的 6 层重型立体货架，配有货架 2 622 组，标准托盘位 10 732 个，可储存货物 40 万件，大大提高了仓储的空间利用率；配备自动检货系统（DPS）数字分拣线储区 14 条，流利拣货架 720 个，可服务 100 多家门店的电子拆零分拣区；投建低温库 1 486m²，包括冷冻库 3 个、冷藏库 2 个；拥有 20t 的货柜车辆，11t、5t、2t 的常温及冷藏车辆，总计 49 辆；配备不同类型的叉车 20 多辆，以及手动液压托盘车 50 辆，实现装卸/搬运作业机械化。

任务二　物流中心仓储业务

任务情境

王杰在公司老员工的带领下，来到了豫舟物流中心仓储部，了解仓储业务……

任务要求

1. 了解现代仓储的功能；
2. 了解仓储业务内容；
3. 能列举出仓储工作中常见的岗位及岗位职责；
4. 能利用网络快速、准确地收集并总结有用信息。

知识准备

一个完整的物流中心具备储存、保管、运输、分拣、配送、装卸搬运、流通加工等全方位的功能。物流中心为了更好地满足客户需要，通常都要兴建现代化的仓库并配备一定数量的仓储设备，储存一定数量的物品。物流中心要完善和加强仓储作业方面的工作。

一、仓储的概念

"仓"即仓库，为存放、保管、储存物品的建筑物和场地的总称，可以是房屋建筑、大型容器、洞穴或者特定的场地等，具有存放和保护物品的功能；"储"即储存、储备，表示将储存对象收存以备使用，具有收存、保护、管理、储藏物品，交付使用的意思。我国《物流术语》（GB/T 18354—2021）中对仓储的定义："利用仓库及相关设施设备进行物品的入库、储存、出库的活动。"

二、现代仓储的功能

仓储通过改变物品的时间状态，克服产需之间的时间差异而使物品发挥更好的效用。其功能主要体现在以下几个方面，如表1-5所示。

表1-5　现代仓储的功能

序号	功能	描述
1	保障社会再生产顺利进行	通过搞好仓储活动，发挥仓储活动连接生产与消费的纽带和桥梁作用，借以克服物品生产与消费在时间上的分离，衔接物品生产与消费在时间上的不一致，以及调节物品生产与消费方式的差异，使社会简单再生产和扩大再生产能建立在一定的物质资源的基础上，保证社会再生产的顺利进行

续表

序号	功能	描述
2	调整生产和消费的时间差异，维持市场稳定	生产和消费之间有一定的时间间隔，在物品从生产过程进入消费过程之前，都需要停留一定的时间。在流通领域中暂时的停滞过程，形成了物品的仓储。仓储在物流中起到了"蓄水池""稳压器"的作用，只有通过储存物品，并将其持续、均衡地投向市场，才能不间断地满足消费者的需求，维持市场稳定
3	维持和增加劳动产品价值	生产的物品在消费前必须保持其使用价值，否则将会被废弃。由于仓储是物品用于消费的最后一道环节，因此要对物品进行管理、保护，防止其价值的损失。同时，生产者可以根据市场对物品的需求偏好，对物品进行流通加工，提高产品的附加值，以促进物品的销售，从而增加收益
4	开展物流管理的重要环节，减少物流成本的重要途径	在物流成本中，仓储成本是最重要的组成部分之一。这是因为物品在物流配送过程中，相当一部分时间在仓储中，在仓储中进行运输整合、配送准备、流通加工，也在仓储中根据市场调整供给等。因此，在现代物流管理中，减少成本的重要途径就是重视仓储管理，减少仓储成本，从而达到降低总成本的目的
5	现货交易的场所	存货人要转让在仓库中存放的物品时，购买人可以到仓库查验物品，取样化验，双方可以在仓库进行转让交割。在国内众多的批发交易市场，既有具备物品储存功能的交易场所，又有具备物品交易功能的仓储场所。众多具有便利交易条件的仓储都提供交易活动服务，甚至部分已形成有影响力的交易市场
6	保证仓储信用	在大批量物品的实物交易中，购买人必须检验物品，确定物品的存在和物品的品质后方可成交。因此，仓单是有价单证，可以作为融资工具直接使用其进行质押，购买人可以到仓库查验物品。由仓库保管人出具的物品仓单也是实物交易的凭证，可以作为向购买人提供的保证

三、仓储业务内容

仓储业务是指物流中心仓库从接收物品开始，到按客户需要把物品全部完好地配送出去的全部作业活动，主要包括入库作业、在库管理和出库作业三个方面。具体业务内容如图1-2所示。

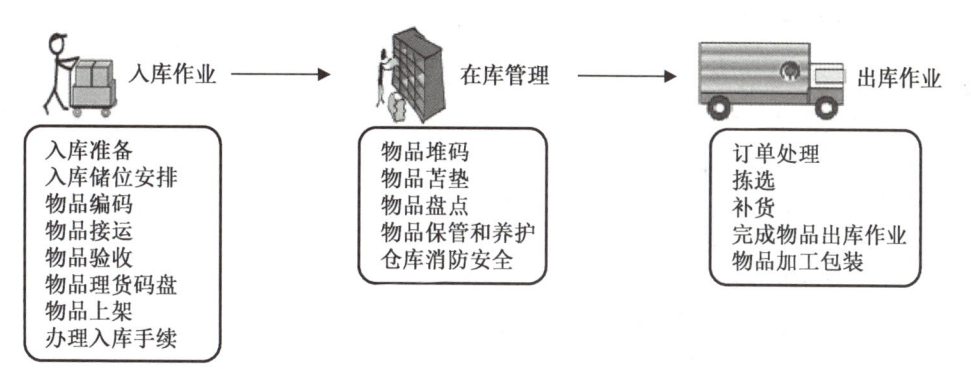

图1-2 仓储业务内容

入库作业：入库准备、入库储位安排、物品编码、物品接运、物品验收、物品理货码盘、物品上架、办理入库手续

在库管理：物品堆码、物品苫垫、物品盘点、物品保管和养护、仓库消防安全

出库作业：订单处理、拣选、补货、完成物品出库作业、物品加工包装

四、物流中心仓储部门主要岗位设置及其职责

物流中心根据仓储业务设置各岗位，具体包括仓库主管、信息员、仓管员、操作员、叉车司机等。各岗位职责及职业素养要求如表1-6所示。

表1-6 物流中心仓储部门主要岗位的岗位职责及职业素养要求

序号	岗位名称	岗位职责	职业素养要求
1	仓库主管	组织协调仓库内人力、物力，建立仓储作业保障措施，指导仓储作业高效进行	具有组织协调能力、人际沟通能力
2	信息员	负责开单、部门物流数据的录入、收集、整理和汇总	忠诚守信、执行力强，具有较强的团队合作精神
3	仓管员	负责仓库的日常运作及管理，如物品的出/入库管理、账目管理、库存管理；出/入库物品凭证核对及处理，包括入库物品登账、立卡、建档案；组织物品保管工作；进行物品的检查验收；做好物品保养工作；做好仓库安全工作；具体执行盘点工作，并协同有关人员查明盈亏原因，如实上报	有强烈的服务意识，工作细心，认真负责
4	操作员	负责物品的装货、卸货、搬运	能够吃苦耐劳，有较强的安全作业意识
5	叉车司机	操纵叉车进行装车、卸车、搬运等作业，并对叉车进行维护保养	具有较强的组织、纪律观念，有较强的安全作业和规范作业意识

任务实施

步骤一 对豫舟物流中心仓储部门的调研

调研内容：了解豫舟物流中心的仓储任务、仓储工作的一般流程、仓储部门组织结构及各岗位职责，更深层次地认识现代企业对仓储工作人员的职业素养要求。

步骤二 调研总结

调研结束后，以PPT的形式展示调研内容。

任务评价

内容如表1-7和表1-8所示。

表1-7 小组评价表

班级		小组				
任务名称	物流中心仓储业务					
评价项目	评价标准	参考分值	评价得分		
^	^	^	自评	组间互评（平均）	教师评价
任务完成情况及有关内容	按时、操作规范地完成任务	20			
^	具有良好的安全作业观念和环保节约意识	15			
^	具有良好的团队合作精神和创新精神	15			
^	小计	50			
^	合计（自评×20%+互评×40%+教师评×40%）				

表 1-8 小组成员评价表

班 级		小 组		姓 名		
任务名称		\multicolumn{5}{c	}{物流中心仓储业务}
评价项目	评价标准		参考分值	\multicolumn{3}{c	}{评价得分}
				自评	组内互评（平均）	教师评价
职业素养	参与作业任务的精神面貌		5			
	有良好的职业道德，爱岗敬业、吃苦耐劳，具有工匠精神		10			
	有较强的沟通能力和人际关系协调能力		5			
专业知识和技能	掌握相关的专业基础知识		10			
	在小组作业任务完成中能应用所学相关专业知识，发挥专业技能水平，完成作业任务		20			
\multicolumn{3}{	c	}{小计}	50			
\multicolumn{3}{	c	}{合计（自评×20%+互评×40%+教师评×40%）}				

注：1. 学生实际得分=小组评价得分+小组成员评价得分。

2. 考评满分为100分，59分及以下为不及格；60～70分为及格；71～89分为良好；90分及以上为优秀。

拓展提升

一、仓库的分类

我国《物流术语》（GB/T 18354—2021）中对仓库的定义："用于储存、保管物品的建筑物和场所的总称。"如库房、货棚、货场等。但现代物流意义上的仓库是从事储存、包装、分拣、流通加工和配送等物流作业活动的场所。仓库的种类多种多样，形态结构各异，服务范围存在较大差异。从不同的侧面来分析，仓库可以从以下几方面来分类。

1. 按照仓库用途分类（见表1-9）

表 1-9 按照仓库用途分类

序号	类型	描述
1	自营仓库	由企业或各类组织自主经营和自行管理，为自身的物品提供储存和保管服务的仓库
2	营业仓库	按照仓库业管理条例取得营业许可证，为经营储运业务而修建的仓库。它以提供物品仓储和仓储场地服务为经营手段，以收取仓储费为盈利目的
3	公共仓库	面向社会提供物品储存服务，并收取费用的仓库
4	保税仓库	经海关批准设立的专门存放保税货物及其他未办结海关手续货物的仓库。它适于存放供来料加工、进料加工复出口的料、件；经过海关批准，可以在保税仓库内对物品进行加工、储存等作业
5	储备仓库	一般由国家设置，用于保管国家应急储备物资和战备物资。物资在储备仓库中储存的时间一般比较长，并且储存的物资会定期更新，以保证物资的质量

2. 按照仓储保管条件分类（见表1-10）

表1-10　按照仓储保管条件分类

序号	类型	描述
1	通用仓库	具有常温保管、自然通风、无特殊功能的仓库，用于储存没有特殊要求的物品。在流通行业的仓库中，通用仓库所占比重较大
2	专用仓库	专门用于储存某类物品的仓库，或者某类物品数量较多，或由于物品本身的特殊性质（如对温/湿度的特殊要求，或易对共同储存的物品产生不良影响）要专库储存，如冷藏仓库、恒温仓库、危险品仓库等

3. 按照仓库的建筑结构分类（见表1-11）

表1-11　按照仓库的建筑结构分类

序号	类型	描述	图示
1	单层仓库	仓库建筑物是平房，结构很简单，有效高度一般不超过5～6m的仓库。这种仓库建筑费用很低，是较常见的，也是使用较广泛的一种仓库建筑类型	
2	多层仓库	两层或两层以上的仓库。这种仓库一般占地面积较小，通常建在人口稠密、土地使用价格较高的地区	
3	立体仓库	采用高层货架，可借助机械化或自动化等手段立体储存物品的仓库。这种仓库可实现高层合理化，存取自动化，操作简便化	
4	筒仓	用于存放散装的颗粒状或粉末状物品（如原粮、饲料、水泥和化肥等）的封闭式仓库。这种仓库一般被置于高架上，配备气力输送装置等以提高散装物品的进/出效率	

续表

序号	类型	描述	图示
5	露天堆场	用于在露天堆放物品的场所,一般针对大宗原材料,或者不怕受潮的物品	

4. 按照仓库的封闭程度分类（见表1-12）

表1-12 按照仓库的封闭程度分类

序号	类型	描述	图示
1	封闭式仓库	俗称"库房",封闭性强,便于对库存物品进行维护和保养,适宜存放保管条件要求比较高的物品	
2	半封闭式仓库	俗称"货棚",保管条件不如库房,但出/入库作业比较方便,且建造成本较低,适宜存放对温/湿度要求不高且出/入库频繁的物品	
3	露天式仓库	俗称"货场",最大的优点是装卸作业极其方便,适宜存放较大型的物品	

二、物流中心仓库的主要工作区域

物流中心仓库需要有仓储入库、在库保管、出库、配送等作业活动,因此仓库需要具备三类储区:预备储区、储存区和动管储区。预备储区是物品出/入库的一个暂存区;储存区是仓库中最大、最主要的保管区域,物品在此被保管时间也最长,因此是整个仓库的管理重点;动管储区是在拣货作业时使用的区域,物品在此被保管的时间通常不会太长,

在短时间内一般会被拣取出货，物品在储位上的流动频率很高。

根据作业需要，物流中心仓库需要具备具体的工作区域，主要包括入库区、储存区、分拣区、集货区、出库区、流通加工区、返品处理区、设备存放区、管理办公区等，如表1-13所示。在实际规划中，根据具体作业需要可对某些区域进行精简、合并或增加。

表1-13　物流中心仓库主要工作区域及功能

序　号	工 作 区 域	主　要　功　能
1	入库区	主要完成物品到达仓库后的接货、卸货、清点、检验、分类、入库准备等工作的区域
2	储存区	专门用于存放物品的区域，在这一区域主要完成物品的储存、保管和养护作业，是相对静态的区域
3	分拣区	拣货人员在拣货信息的引导下，通过查找货位，拣取和搬运物品，进行物品分拣活动的区域
4	集货区	主要进行物品分拣出来的组配作业，并将组配好的物品暂时存放，为送货做准备的区域
5	出库区	主要将准备好的物品装入外运车辆发出的区域
6	流通加工区	主要进行包装、分割、计量、分拣、刷标志、贴标签、组装等流通加工作业的区域
7	返品处理区	暂时存放客户退回物品的区域
8	设备存放区	主要存放装卸搬运设备的区域
9	管理办公区	进行内部行政事务管理、信息处理、业务洽谈等的场所

三、物流中心仓库平面布局的动线类型

根据仓库的建筑结构及具体作业流程，一般仓库的平面布局有三种动线类型：U型、I型、L型，如表1-14所示。

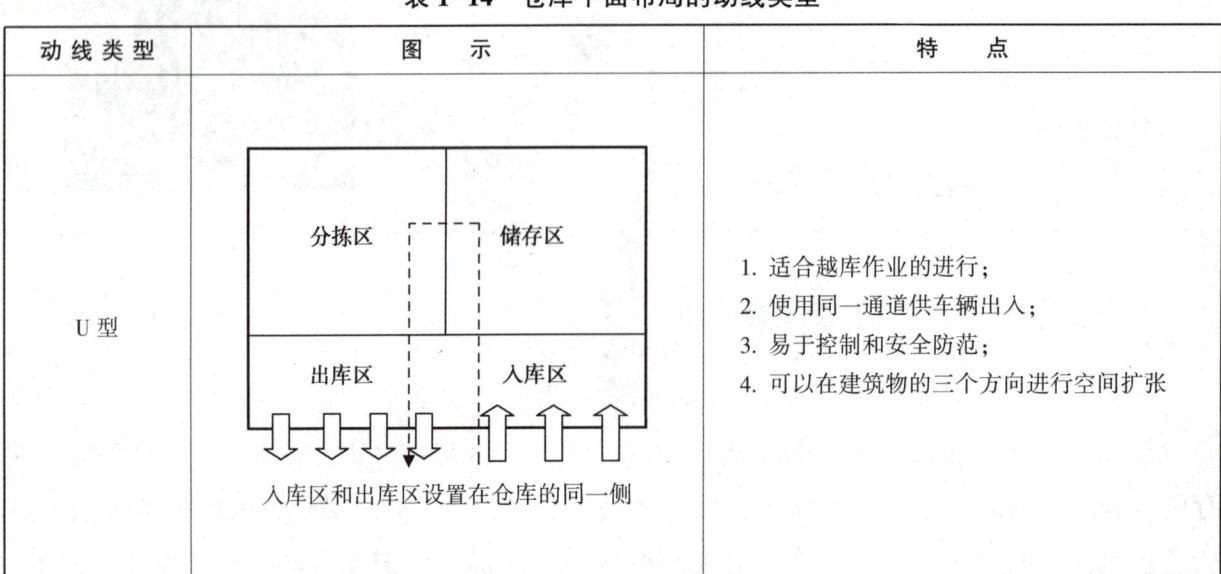

表1-14　仓库平面布局的动线类型

动线类型	图　　示	特　　点
U型	分拣区　储存区 出库区　入库区 入库区和出库区设置在仓库的同一侧	1. 适合越库作业的进行； 2. 使用同一通道供车辆出入； 3. 易于控制和安全防范； 4. 可以在建筑物的三个方向进行空间扩张

续表

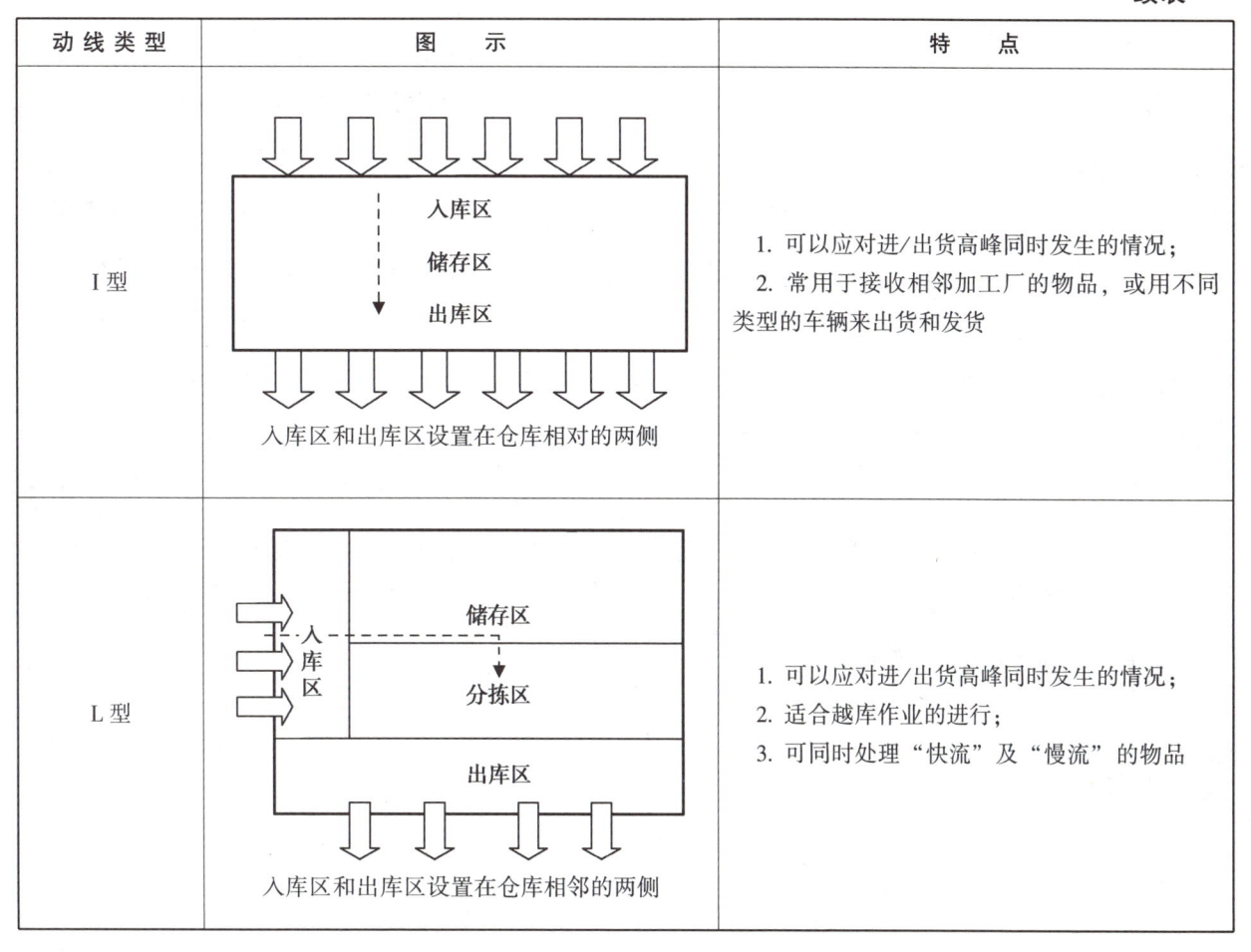

动线类型	图示	特点
I 型	入库区和出库区设置在仓库相对的两侧（入库区→储存区→出库区）	1. 可以应对进/出货高峰同时发生的情况； 2. 常用于接收相邻加工厂的物品，或用不同类型的车辆来出货和发货
L 型	入库区和出库区设置在仓库相邻的两侧（入库区→储存区→分拣区→出库区）	1. 可以应对进/出货高峰同时发生的情况； 2. 适合越库作业的进行； 3. 可同时处理"快流"及"慢流"的物品

四、智慧物流的概念

我国《物流术语》（GB/T 18354—2021）中对智慧物流的定义："以物联网技术为基础，综合运用大数据、云计算、区块链及相关信息技术，通过全面感知、识别、跟踪物流作业状态，实现实时应对、智能优化决策的物流服务系统。"

五、京东智慧物流与无人仓系统

京东集团 2007 年开始自建物流，2017 年 4 月 25 日正式成立京东物流集团（以下简称京东物流），拥有中小件、大件、冷链、B2B、跨境和众包（达达）等物流网络。凭借这几张大网在全球范围内的覆盖及大数据、云计算、智能设备的应用，京东物流打造了一个从产品销量分析预测，到入库、出库，再到运输配送各个环节无所不包、综合效率高、算法科学的智能供应链服务系统。

截至 2020 年 6 月 30 日，京东物流在全国运营超过 750 个仓库，包括云仓面积在内，京东物流运营管理的仓储总面积约为 1 800 万平方米。京东物流已投入运营的 28 座"亚洲一号"智能物流园区及超过 70 座不同层级的无人仓，形成了亚洲规模巨大的智能仓群。京东物流大件和中小件网络已实现大陆行政区县几乎 100% 覆盖，90% 的区县可以实现 24 小时送达，自营配送服务覆盖了全国 99% 的人口，超 90% 的自营订单可以在 24 小时内

送达。

京东对外展示了无人仓计划视频，同时披露了其中应用的核心技术。在京东正着力打造的智慧物流中心里，从入库、在库到拣货、分拣、装车的完整过程都无须人力参与，让仓储拥有极高的效率和出色的灵活性。负责京东智慧物流研发的 X 事业部负责人肖军表示，"无人仓"代表着全新的第三代物流系统技术，将是京东物流应用质的飞跃，其智能化体现为数据感知、机器人融入、算法指导生产。京东眼中的智慧物流是一个完整的体系，无人仓解决进货、储存、拣货、包装、分拣等环节，无人车主攻城市环境下的最后一千米配送，无人机则锁定乡村配送……单一环节的自动化升级会带来局部效率的提升，而京东拥有完整的物流体系，掌握每个物流环节，并进行智慧物流升级。通畅的数据流、天然的无缝衔接、完整的全局考量思维，使京东的实践颇具特色和优势，相信这张智慧物流的大网会进一步发挥京东在物流领域的优势，也让消费者拥有更便捷的购物体验。

任务三　物流中心配送业务

任务情境

王杰作为一名新员工，在公司老员工的带领下，来到了豫舟物流中心配送部，了解配送业务……

任务要求

1. 了解配送中心的功能；
2. 能列举出配送业务中常见的岗位及岗位职责；
3. 培养学生继续学习、自我提高及终身学习的能力。

知识准备

一、配送的概念

我国《物流术语》（GB/T 18354—2021）中对配送的定义："根据客户要求，对物品进行分类、拣选、集货、包装、组配等作业，并按时送达指定地点的物流活动。"

二、配送中心的概念与功能

我国《物流术语》（GB/T 18354—2021）中对配送中心的定义："具有完善的配送基础设施和信息网络，可便捷地连接对外交通运输网络，并向末端客户提供短距离、小批量、多批次配送服务的专业化配送场所。"

配送中心的功能如表 1-15 所示。

表 1-15 配送中心的功能

序 号	功 能	描 述
1	集货	将分散的或小批量的货物集中起来，以便进行运输、配送的活动。为了满足配送所需物品的数量及品种需求，配送中心会凭借其特殊的地位和拥有的各种先进的设施和设备，通过物流运输系统从生产厂家或仓库调运大量物品。集货是配送的第一个功能要素，集货功能完成得好坏，极大地影响着配送的整体效益
2	储存	为了保证能够根据客户需求及时配送物品，有效防止各种原因造成的缺货或不能及时供货等现象，必须保持一定数量的库存。储存功能是以改变"物"的时间状态为目的的活动
3	分拣	将物品按一定目的进行分类、拣选的相关作业。分拣作业是配送作业的中心环节，是提高配送效率的关键
4	组配货	根据客户、流向及品类，对货物进行组合、配货，以便合理安排装载的活动。组配货过程就是把完成分拣经过复核的物品装入容器进行包装并做好标记，再运到组配货准备区，待装车后运送
5	配装	为了充分利用运输能力，提高满载率，降低配送成本，将多个客户的配送物品按照一定的规则和方法进行搭配装载，称为配装。配装是提高配送水平、增加经济效益的有效措施，是配送系统中有现代特点的功能要素，也是现代配送与以往送货的重要区别
6	送货	将客户所需的物品保质、保量、及时、准确地送到客户手中，是配送的最终目标
7	配送加工	配送中心为扩大经营范围和提高配送服务水平，会按客户的要求，根据合理配送的原则对物品进行配送加工活动，以保护物品或促进销售
8	信息管理	配送中心不仅实现物品的流通，还通过信息处理来协调各个环节的作业和生产，保证上游供应商向下游客户合理有序地供货，并通过配送中心的信息处理功能实现供应链维持在合理的库存水平

三、物流中心配送部门主要岗位设置及其职责

物流中心根据配送业务设置各岗位，具体包括配送主管、拣货员、配送员、配送司机等。各岗位职责及职业素养要求如表 1-16 所示。

表 1-16 物流中心配送部门主要岗位的岗位职责及职业素养要求

序 号	岗位名称	岗 位 职 责	职业素养要求
1	配送主管	筹划和控制配送中心的具体工作，确保公司各项规章制度在配送中心贯彻落实；负责配送中心设备操作和业务流程的培训工作	有较强的组织协调能力、人际沟通能力
2	拣货员	根据客户的订单要求，从储存的物品中将客户所需要的物品分拣出来，放到发货场指定的位置，以备发货；做好拣货设备的定期检查，当设备出现不良状况时及时向维修人员报告	熟悉拣货作业流程，有较强的拣货设备操作与检查能力
3	配送员	领导、组织完成公司的配送及其他相关后勤保障工作，了解配送情况，提高配送车辆的配送效率。根据公司物品流转程序的规定，对配送中心相关单据进行审核	能够吃苦耐劳，责任心强，具有良好的团队协作意识
4	配送司机	在配送主管的领导下完成公司的配送及其他相关后勤保障工作。对车辆行驶状况做好记录，及时检查，保证车辆行驶安全	掌握汽车驾驶技术，熟悉相关交通法规，了解事故应急知识

任务实施

步骤一　对豫舟物流中心配送部门的调研

调研内容：了解豫舟物流中心的配送任务、配送业务的一般流程、配送部门组织结构及各岗位职责，更深层次地认识现代企业对配送业务人员的职业素养要求。

步骤二　调研总结

调研结束后，以 PPT 的形式展示调研内容。

任务评价

内容如表 1-17 和表 1-18 所示。

表 1-17　小组评价表

班　级		小　组				
任务名称			物流中心配送业务			
评价项目	评价标准		参考分值	评价得分		
				自评	组间互评（平均）	教师评价
任务完成情况及有关内容	按时、操作规范地完成任务		20			
	具有良好的安全作业观念和环保节约意识		15			
	具有良好的团队合作精神和创新精神		15			
	小计		50			
合计（自评×20%＋互评×40%＋教师评×40%）						

表 1-18　小组成员评价表

班　级		小　组		姓　名			
任务名称			物流中心配送业务				
评价项目	评价标准		参考分值	评价得分			
				自评	组内互评（平均）	教师评价	
职业素养	参与作业任务的精神面貌		5				
	有良好的职业道德，爱岗敬业、吃苦耐劳，具有工匠精神		10				
	有较强的沟通能力和人际关系协调能力		5				
专业知识和技能	掌握相关的专业基础知识		10				
	在小组作业任务完成中能应用所学相关专业知识，发挥专业技能水平，完成作业任务		20				
	小计		50				
合计（自评×20%＋互评×40%＋教师评×40%）							

注：1. 学生实际得分＝小组评价得分＋小组成员评价得分。

　　2. 考评满分为100分，59分及以下为不及格；60～70分为及格；71～89分为良好；90分以上为优秀。

拓展提升

一、配送的类型

配送的类型如表1-19所示。

表1-19 配送的类型

序号	分类标准	类型	描述	特点
1	配送组织者	零售商型配送中心	连锁经营企业为了节约配送成本，更好地服务门店，公司总部设立专属的配送中心提供物品的采购和配送服务	经营模式既有自营的，也有部门独立核算或委托给第三方物流企业的
		专业型配送中心	配送活动的组织者是专职从事配送的物流公司。这种配送的专业化、现代化程度高，设施和设备比较齐全，货物配送能力强	可以对社会上闲散的资源进行整合与利用，体现出社会经济效益
		转运型配送中心	货运公司借助各区的营业场所、营业集货站发展成专业的转运配送中心	是一种没有长期储存功能，仅以暂存或随进随出方式进行配货、送货的配送中心
2	配送商品种类及数量	少品种大批量配送	需要数量较多的商品，单独一个或少数个品种就可以达到较大运输量，可实现整车运输，往往不需要再与其他商品进行搭配，可由专业性很强的公司实施这种配送	主要适用于大宗货物，如煤炭等
		多品种小批量配送	按客户的要求，将其所需的各种商品（每种商品需要量不大）配备齐全，凑成整车后由配送中心运送到客户手中	主要由专业物流公司承接
		配套配送	按客户的要求，将其所需的多种商品（配套产品）配备齐全后直接运送到客户手中	配套产品大多存在某种关系
3	配送时间及数量	定时配送	配送企业（配送中心）根据与客户签订的协议，按照商定的时间准时配送货物的一种配送方式	由于定时配送的时间固定，因此易于安排工作计划和运输工具；对客户来说，则便于安排接收货物的人员和设备
		定量配送	配送企业（配送中心）根据与客户签订的协议，在一定的时间范围内（对配送时间不严格限定），按照规定的批量配送货物的一种配送方式	由于数量固定，备货工作较为简单，无须经常改变配货备货的数量，就能有效利用托盘、集装箱等集装方式，也可做到整车配送，配送效率较高

17

续表

序号	分类标准	类型	描述	特点
3	配送时间及数量	定时定量配送	配送企业（配送中心）根据与客户签订的协议，按照商定的时间和规定的数量配送货物的一种配送方式	对配送企业的要求比较严格，需要配送企业有较强的计划性和准确度，管理和作业的难度较大
		定时定路线配送	通过对客户的分布状况进行分析，设计出合理的运输路线，根据运输路线安排到达站点的时刻表，按照时刻表沿着规定的运行路线进行配送	对配送中心来说，易于安排车辆和驾驶人员及接、运货工作。对客户来讲，可以就一定路线和时间进行选择，又可以有计划地安排接货力量，适用于客户比较集中的地区
		即时配送	完全按照客户突然提出的时间和数量方面的配送要求，立即将商品送达指定地点的一种配送方式	对配送中心的要求比较高，尤其对配送速度和配送时间的要求比较严格

二、区域配送中心的概念

我国《物流术语》（GB/T 18354—2021）中对区域配送中心的定义："具有完善的配送基础设施和信息网络，可便捷地连接对外交通运输网络，配送及中转功能齐全，集聚辐射范围大，储存、吞吐能力强，向下游配送中心提供专业化统一配送服务的场所。"

三、物流企业招聘实例

1. 某企业配送主管招聘要求

岗位职责：

（1）负责配送项目开发、团队组建及日常运营管理；

（2）负责制订项目目标及执行计划；

（3）保证年度营运目标的实现；

（4）负责建立健全项目需求跟踪、效果评估体系，进行项目挖潜；

（5）负责管理和培训项目执行团队，执行员工的绩效考核制度，不断提高团队专业技能；

（6）与相关部门共同制订项目推广目标、操作标准及实施流程；

（7）执行公司政策，营造符合企业文化的良好氛围。

岗位要求：

（1）5年以上工作经验，3年以上相关项目管理经验；

（2）熟悉快递配送业务，熟悉项目管理相关标准；

（3）沟通能力强，抗压能力强；

（4）熟悉电商配送业务者优先。

2. 某物流公司物流操作员招聘要求

岗位职责：

（1）接收原始运单并进行单据与信息数据的核对；

（2）妥善处理重点物品的装卸事宜，保管并处理各相关单据；

（3）转移物品时核对运单与数据，并进行分单、录单工作；

（4）做好重点物品的装、卸货安排，妥善处理卸车事故；

（5）与受损客户进行及时、妥善的沟通，以良好的服务态度应对客户投诉，并在最短的时间内予以解决。

岗位要求：

（1）22～30周岁，男性优先，大专及以上学历；

（2）爱岗敬业，责任心强，具有良好的团队合作精神及沟通协调能力；

（3）能适应物流行业的工作性质，能服从工作安排。

3. 深圳某公司配送员招聘要求

岗位职责：

（1）按照公司要求安全、快捷、准确地完成日常配送工作；

（2）确保客户物品不受损失，做好客户物品的运输交接验收工作；

（3）维护公司的良好声誉；

（4）负责客户的维护和相关问题的跟进。

岗位要求：

（1）要求男性，身体健康；

（2）有工作经验者优先；

（3）能吃苦，有责任心。

巩固提高

一、判断题（正确的打"√"，错误的打"×"）

1. 物流中心是从事物流活动的场所或组织，主要为特定客户或末端客户提供服务，一般从事的是多品种、少批量的配送，辐射范围较小。　　　　　　　　　　　（　　）

2. 保税仓库是指经海关批准专门储存保税物品的仓库。　　　　　　　　　（　　）

3. 单层仓库的建筑结构简单，有效高度一般不超过5～6m。　　　　　　　（　　）

4. 一个完整的物流中心具备储存、保管、运输、分拣、配送、装卸搬运、流通加工等全方位的功能。　　　　　　　　　　　　　　　　　　　　　　　　　　（　　）

5. 物流中心配送部门设置的各岗位，具体包括仓库主管、仓管员、配送员、配送司机等。（ ）

6. 区域配送中心的服务范围一般小于城市配送中心的服务范围。（ ）

二、单项选择题

1. 下列不属于配送中心主要功能的是（ ）。
   A. 储存　　　　B. 分拣　　　　C. 配装　　　　D. 计划

2. 在仓库的各个区域中，所占平面面积最大的是（ ）。
   A. 管理办公区　B. 预备储区　　C. 储存区　　　D. 主通道

3. 企业为了储存和保管自身的物品而建设的仓库为（ ）。
   A. 自营仓库　　B. 营业仓库　　C. 公共仓库　　D. 保税仓库

4. （ ）用于储存散装的颗粒状或粉末状物品。
   A. 单层仓库　　B. 多层仓库　　C. 筒仓　　　　D. 散装仓库

5. 面向社会提供物品储存服务并收取费用的仓库为（ ）。
   A. 自营仓库　　B. 营业仓库　　C. 保税仓库　　D. 储备仓库

6. 专门长期存放各种国家储备物资，以保证完成特定储备任务的仓库为（ ）。
   A. 通用仓库　　B. 储备仓库　　C. 公共仓库　　D. 加工型仓库

三、多项选择题

1. 仓库按用途可以分为（ ）。
   A. 自营仓库　　B. 营业仓库　　C. 公共仓库　　D. 保税仓库
   E. 储备仓库

2. 仓库按建筑结构可以分为（ ）。
   A. 单层仓库　　B. 多层仓库　　C. 立体仓库　　D. 罐式仓库
   E. 露天堆场

3. 仓库常见的平面布局有三种动线类型，包括（ ）。
   A. U 型　　　　B. I 型　　　　C. L 型　　　　D. X 型
   E. V 型

4. 物流中心仓储部门设置的各岗位具体包括（ ）等。
   A. 仓库主管　　B. 分拣员　　　C. 仓管员　　　D. 信息员
   E. 操作员

5. 仓储业务是指物流中心仓库从接收物品开始，到按客户需要把物品全部完好地配送出去的全部作业活动，主要包括（ ）三个方面。
   A. 入库作业　　B. 出库作业　　C. 验收　　　　D. 在库保管
   E. 送货

四、思考题

1. 什么是物流中心？物流中心的功能有哪些？

2. 物流中心仓库平面布局的动线类型有哪几种？各有何特点？

五、技能训练题

1. 参观某物流中心，了解其仓储部门各岗位工作职责，认识各岗位对仓储工作人员的职业素养要求。

2. 参观某配送中心，请从不同角度分析该配送中心的类型，并简要说明原因。

项目二

物品入库作业

项目目标

1. 掌握入库准备的工作内容，会进行物品入库储位安排和物品编码。
2. 掌握物品接运、物品验收及物品理货码盘的实际操作。
3. 熟悉物品上架及办理入库手续等作业。
4. 熟练操作物品入库过程中常用的相关物流软件和机械设备。
5. 培养学生在实操过程中的安全作业意识，对接职业岗位的安全要求。
6. 重视劳动教育，培养学生吃苦耐劳的品质。
7. 引导学生树立团队合作精神及沟通能力。

任务一　入库准备

任务情境

2022年8月10日,豫舟物流中心仓库主管王朝辉接到信息部传送来的供货商联想集团的入库申请单(见表2-1),物品为14英寸(in)联想笔记本电脑(计算机)V14-IGL(见图2-1)。王朝辉将入库信息传送给一号库的信息员吴斌,开始这批物品的入库准备工作。

表2-1　入库申请单

入库单流水号	20220810243		
单据类型		预计入库时间	2022.08.11
客户编号	G015119	客户名称	联想集团
入库申请人	李响	联系方式	135****7856
仓库主管	王朝辉	联系方式	134****8991
仓库地址			

序号	入库编号	物品编码	物品名称	单位	规格	毛重	包装材料	申请数量	实收数量	情况说明
1	202208100001	902019821	联想笔记本电脑V14-IGL	台	14in	1.9kg	纸箱	100	100	
				合计				100		

供货商签字盖章:李响	入库接收人签字盖章:王朝辉
时间:2022年8月10日	时间:2022年8月10日

注:本书部分商品信息为虚拟。

图2-1　联想笔记本电脑V14-IGL

任务要求

1. 通过学习,熟悉入库准备的相关工作内容;
2. 能够按照入库订单处理流程在仓储管理系统中完成订单入库操作;

3. 能够根据入库申请单上的相关信息合理安排人力、设备等；

4. 会熟练、规范地操作装卸搬运的常用工具和设备。

知识准备

一、入库准备的工作内容

1. 接收物品入库信息，处理相关单证

当接收到物品的入库信息后，信息员要登录订单管理系统，完成相关的操作，生成入库作业计划。

2. 熟悉入库物品

仓管员要熟悉入库物品的品种、规格、数量、单件体积、存放期、理化特性和保管的特殊要求等，以便准确和妥善地进行储位安排和相关准备。

3. 入库储位安排

（1）掌握仓库存货及储位情况。仓管员应了解仓库储存有关物品的信息，以及该仓库储位的空置情况。

（2）制订仓储计划。仓库业务部门应根据物品情况、仓库情况及设备情况，制订出仓储计划，并将任务下达到各相应的作业部门和管理部门。

（3）妥善安排储位。仓管员应根据入库物品的性能、数量和类别，结合仓库分区分类的保管要求，核算储位大小，并根据储位使用原则妥善安排储位和验收场地，确定堆码方法及苫垫方法等。

4. 合理组织人力

仓管员应根据物品入库的数量和时间，安排好物品验收人员、搬运堆码人员，确定各个工作环节所需的人员和设备。

5. 做好入库验收的相关工作

（1）准备苫垫材料。在物品入库前，根据所确定的苫垫方法准备相应的苫垫材料。

（2）验收准备。仓库人员应根据物品情况和仓库管理制度确定验收方法，并准备好验收时点数、称量、测试、开箱、装箱、丈量、移动照明等各项工作所需的工具。

（3）制订装卸搬运计划。根据物品、储位、设备条件及人员情况，合理、科学地制订装卸搬运计划，保证入库作业效率。

二、入库订单处理流程

入库订单处理流程如图2-2所示。

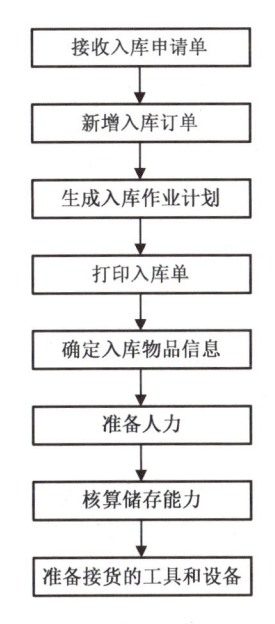

图 2-2　入库订单处理流程

任务实施

步骤一　接收入库申请单

信息员吴斌首先确认入库单流水号为 20220810243 的物品到货信息，确认无误后，准备在订单管理系统中进行入库通知单的录入工作。

步骤二　新增入库订单

信息员吴斌登录物流统合业务系统，在物流统合业务系统界面（见图 2-3）单击【订单管理系统】按钮，进入订单管理系统主功能界面。单击【订单管理】→【订单录入】→【入库订单】按钮，进入新增入库订单界面，如图 2-4 所示。

图 2-3　物流统合业务系统界面（【订单管理系统】按钮）

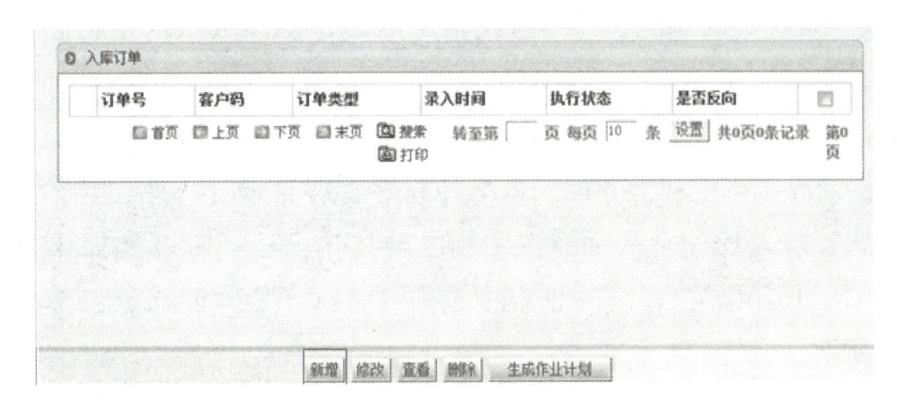

图 2-4　新增入库订单界面

单击【新增】按钮，进入入库订单维护界面，分别录入"订单信息""订单入库信息"及"订单货品"相关信息（见图 2-5～图 2-7），单击【保存订单】按钮。

图 2-5　订单信息

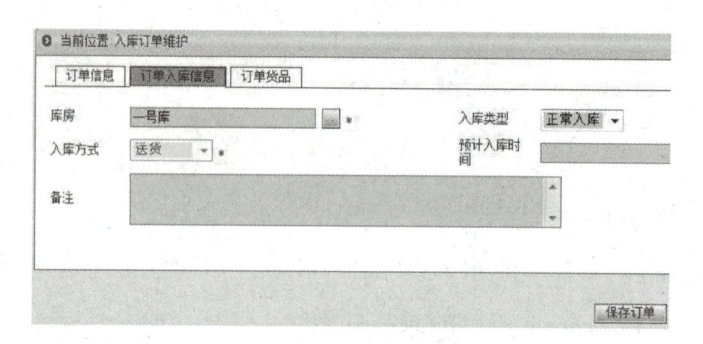

图 2-6　订单入库信息

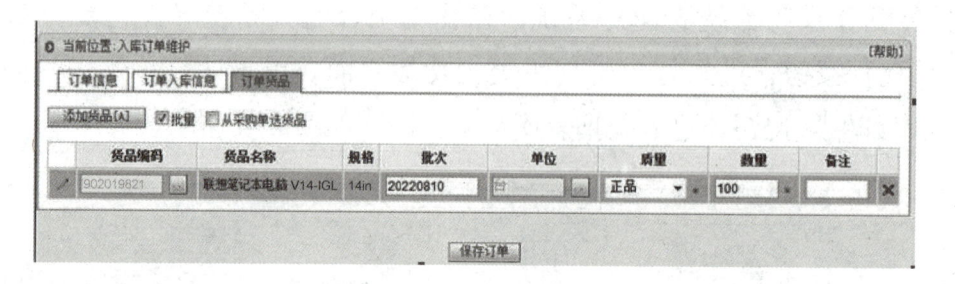

图 2-7　订单货品

步骤三　生成入库作业计划

选中新增的订单，单击【生成作业计划】按钮，在弹出的界面中，确定"订单信息""订单入库信息"及"订单货品"（本系统中均用"货品"表示的"物品"）填写无误后，单击【确认生成】按钮，如图 2-8 所示。

步骤四　打印入库单

切换到仓储管理系统主功能界面，单击【仓储管理】→【入库作业】→【入库预处理】按钮，进入管理入库作业界面。选中刚才的订单，选择"其他操作"列表框中的"打印"命令，在弹出的"打印"对话框中选中【入库单】单选按钮，单击【打印】按钮，如图 2-9 所示。

打印出的纸质入库单如图 2-10 所示。

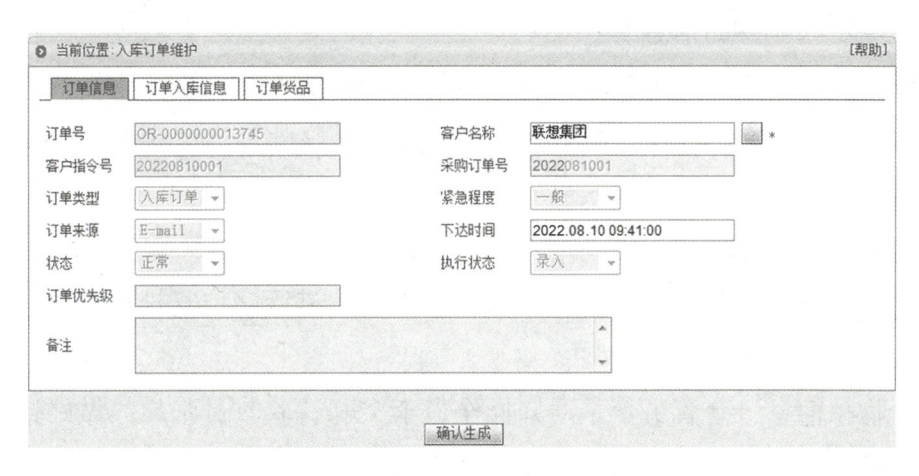

图 2-8　确认生成入库作业计划

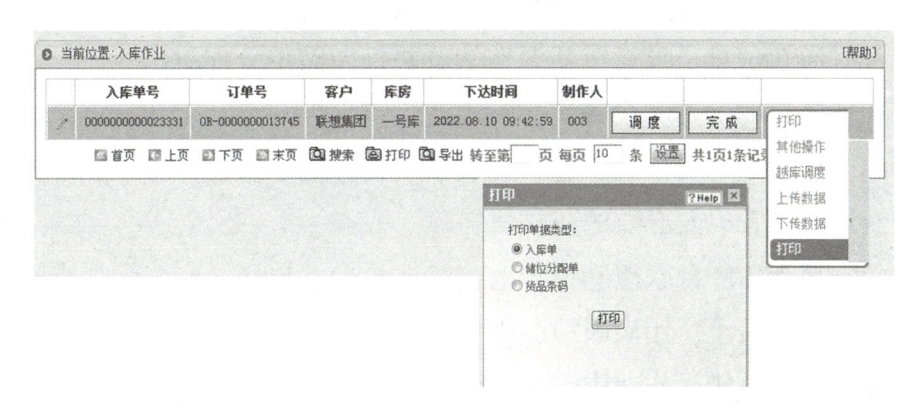

图 2-9　打印入库单

入　库　单

作业计划单号：0000000000023293

豫舟物流中心一号库　　　　　　　　　　　　　　　应收数量：100　　实收数量：

客户名称：联想集团　　客户编号：G015119　　客户指令号：20220810001　　日期：2022.08.10

货品名称	条　码	规　格	单　位	应收数量	实收数量	货位号	批　次	备　注
联想笔记本电脑V14-IGL	6921*****5069	14in	台	100			20220810	

仓管员（签字）：_____　　　　　　　送货人（签字）：_____

图 2-10　纸质入库单

步骤五　确定入库物品信息

豫舟物流中心对联想集团的物品实行库内接货的接运方式。物流中心的一号库仓管员李军确认了入库单上的物品预计到达的时间、地点和数量等，即预计于 2022 年 8 月 11 日，有 100 台联想笔记本电脑要入一号库。

仓库主管王朝辉要求仓管员李军熟悉本次入库物品的规格、数量、单件体积、存放期、理化特性、保管的特殊要求等，以便准确和妥善地进行储位安排和相关准备。

步骤六　准备人力

根据入库物品信息，仓管员李军通知操作员李文峰、验收员张超等做好接货准备。

步骤七　核算储存能力

仓管员李军根据储位分配单上的储位分配信息，核对现有储位的储存能力是否足够。如果不够，应及时通知信息员吴斌重新调整储位并打印储位分配单。

步骤八　准备接货的工具和设备

根据入库单上物品的到货信息，仓管员李军预先确定了搬运、检验和计量的方法，配备好相关装卸搬运设备，以及必要的防护材料。

本次入库的物品为 100 台联想笔记本电脑，数量少，怕碰撞。仓管员李军决定采用叉车卸货，准备标准托盘若干，用肉眼检验外包装是否破损，用点数的方法计量物品，另外还要准备缠绕膜等用品。接运作业中需要用到的相关设备和材料如图 2-11 所示。

图 2-11　接运作业中需要用到的相关设备和材料（叉车、标准托盘、缠绕膜）

任务评价

内容如表 2-2 和表 2-3 所示。

表 2-2　小组评价表

班　　级		小　　组			
任务名称		入库准备			
评价项目	评价标准	参考分值	评价得分		
			自评	组间互评（平均）	教师评价
任务完成情况及有关内容	按时、操作规范地完成任务	20			
	具有良好的安全作业观念和环保节约意识	15			
	具有良好的团队合作精神和创新精神	15			
	小计	50			
合计（自评×20%+互评×40%+教师评×40%）					

项目二 物品入库作业

表 2-3 小组成员评价表

班 级		小 组		姓 名		
任务名称			入库准备			
评价项目	评价标准	参考分值	评价得分			
			自评	组内互评（平均）	教师评价	
职业素养	参与作业任务的精神面貌	5				
	有良好的职业道德，爱岗敬业、吃苦耐劳，具有工匠精神	10				
	有较强的沟通能力和人际关系协调能力	5				
专业知识和技能	掌握相关的专业基础知识	10				
	在小组作业任务完成中能应用所学相关专业知识，发挥专业技能水平，完成作业任务	20				
小计		50				
合计（自评×20%+互评×40%+教师评×40%）						

注：1. 学生实际得分＝小组评价得分+小组成员评价得分。

2. 考评满分为100分，59分及以下为不及格；60～70分为及格；71～89分为良好；90分以上为优秀。

拓展提升

一、常见的入库单据

在接到入库通知单后，仓库工作人员需要准备的常见单据有入库单和入库物品异常问题处理单等，如某仓库上述单据的格式如图 2-12 和表 2-4 所示。

图 2-12 入库单

29

表 2-4　入库物品异常问题处理单

入库单号		入库时间				
物品名称		物品编码				
处理方法	常见问题					
	数量溢余	数量短少	品质不合格	包装不合格	规格品类不符	单证与实物不符
通知供货商						
按实物签收						
维修处理						
查询等候处理						
改单签收						
拒绝收货						
退单、退货						
备注：相应问题的处理方法请在对应栏里用"√"表示						

二、装卸搬运常用设备的分类

在企业的物流活动过程中，装卸搬运常用设备的分类如表 2-5 所示。

表 2-5　装卸搬运常用设备的分类

序号	分类	名称	说明	特点	图示
1	起重机械	小型起重机 桥式起重机 门式起重机 旋转式起重机 堆垛起重机	垂直升降或水平移动物品，以满足物品的装卸转载等作业要求	负载较大，适合搬运体积大、分量重的物品	
2	输送机械	带式输送机 斗式提升机 悬挂输送机 埋刮板输送机 螺旋输送机 滚柱输送机	以连续的方式沿着一定的线路从装货点到卸货点均匀输送物品的机械	能够连续循环运作，运动速度快且稳定，消耗功率小，但是输送线路固定，输送物品有局限性，通用性差	
3	装卸搬运车辆	叉车 搬运车 牵引车 挂车 手推车	能实现物品的水平搬运和短距离运输、装卸	机动性好、实用性强，被广泛应用于仓库、港口、车站、货场、车间、船舱、车厢内和集装箱内作业	
4	专用装卸机械	装载机 卸载机 翻车机 堆取料机	配备有专用卸载装置的机械或车辆	一般进行专用作业	

任务二　入库储位安排

任务情境

2022年8月11日，豫舟物流中心计划入库一批物品，其基本信息如表2-6所示。一号库仓管员李军负责安排每种物品的储位，这些物品只能安排在一号库的货架4、货架5、货架9和货架10上，货架分布和货架结构如图2-13所示。

表2-6　待入库物品的基本信息

序号	物品名称	规格	入库数量	单个储位存量	单位	平均出/入库频率（次/月）	单品重量①（kg）	储位编号
1	长虹高清智能电视 E6000A	65in	20	4	箱	5	25	
2	长虹智能电视 32M1	32in	20	4	箱	5	6	
3	格力空调 KFR-32GW/（32561）FNAa-2	1.5P	15	8	箱	8	20	
4	容声冰箱 BCD-636WD11HPA	636L	8	2	箱	5	30	
5	戴尔机箱成就 3710	i3-12100、8GB、256GB、单主机	50	20	箱	11	5	
6	戴尔液晶电脑显示屏 SE2723DS	27in	80	40	箱	11	2	
7	戴尔键盘 KB740	有线、黑色	200	100	箱	11	0.8	
8	戴尔鼠标 MS3320W	移动无线、黑色	200	300	箱	11	0.2	
9	联想机箱 E77s	i3-10105、8GB、1TB+256GB、集显	50	20	箱	11	5	
10	联想显示器 Y25-30	24.5in	100	40	箱	11	2	
11	联想键盘 K4800S	黑色	80	100	箱	11	0.3	
12	联想鼠标小新	无线、蓝牙、岩灰色	200	300	箱	11	0.2	
13	潘婷乳液修护洗发露	500g	500	200	箱	30	0.8	
14	雅芳翠竹保湿润肤霜	50g	500	400	箱	25	0.1	
15	兰芝水净白清透保湿乳	120g	500	350	箱	25	0.2	
16	海飞丝去屑洗发露	500g	500	400	箱	25	0.8	
17	飞利浦电脑小音箱 SPA20	黑色	50	80	箱	12	0.2	
18	奔腾电磁炉 BT1881A	2100W	50	30	箱	15	2	

① 为了与表示物品优劣程度的"质量"区分，此处使用习惯上的用法"重量"，全书同。

续表

序 号	物 品 名 称	规 格	入库数量	单个储位存量	单位	平均出/入库频率（次/月）	单品重量（kg）	储位编号
19	飞利浦剃须刀 S3206/09	干湿双剃	300	300	箱	9	0.15	
20	飞利浦电吹风机 HP8120	折叠	80	100	箱	9	1.2	
21	联想手机 Y70	L71091	100	300	箱	3	0.1	
22	联想手机 Y90	L71061	300	300	箱	13	0.9	
23	统一绿茶	500mL	300	200	箱	30	0.5	
24	洽洽原味香瓜子	100g	300	300	箱	30	0.1	
25	徐福记香烤牛排味米格玛	100g	100	200	箱	30	0.1	
26	绿箭薄荷味口香糖	64g	500	400	箱	30	0.12	
27	太太乐鸡精	100g	200	200	箱	25	0.1	
28	海天老抽王	500mL	200	100	箱	20	0.5	
29	华辉莲藕粉	120g	200	200	袋	25	0.12	

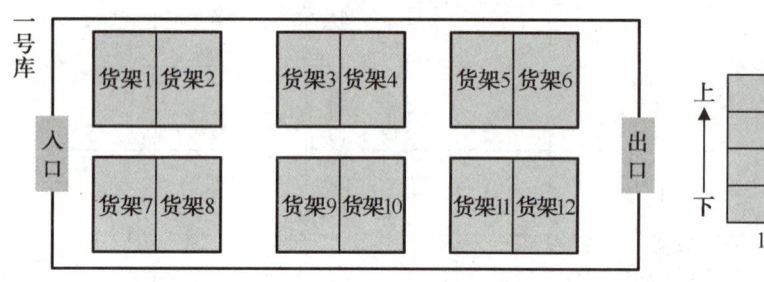

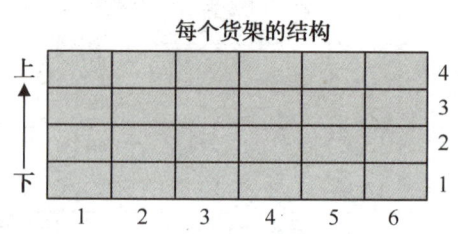

图 2-13 货架分布和货架结构

任务要求

1. 能够根据储位安排的原则，选择合适的物品储位分配方法；
2. 能够采用储位分配的方法，熟练地为入库物品安排储位。

知识准备

一、储位安排的原则

为入库物品安排储位时，只有遵循储位安排的原则（见表2-7），才能科学合理地完成入库作业，提高入库作业的效率。

表 2-7 储位安排的原则

序 号	原 则	说 明
1	先进先出	为防止物品因长期存放而变质、损毁、老化，特别是感光材料和食品类，先入库的物品应先出库
2	周转率对应	出/入库频率高的物品应靠近仓库的出入口
3	同一性	相同类型的物品应存放在相同或相邻位置
4	相似性	相似物品应存放在相邻位置

续表

序 号	原 则	说 明
5	重量对应	较重物品应存放在地面或货架的下层，较轻物品应存放在货架的上层
6	形状对应	根据物品形状确定其存放位置和存放方法，标准形状物品应存放在货架上，非标准形状物品对应其形状进行存放，或就地摆成货垛
7	隔离易混	外观相近、用肉眼难分辨的物品，在标志清楚的基础上，要隔离两个以上的物品，防止混淆
8	合理搭配	应考虑物品的大小，根据仓库的实际条件，合理搭配空间
9	危险品单独存放	化学品、易燃易爆危险品需要单独存放，重点管理维护，避免影响其他物品的安全

二、储位分配的方法

在订单处理过程中，要在仓储管理系统中为入库物品分配相应的储位。储位安排的方法一般有人工分配法、计算机辅助分配法和计算机自动分配法，如表2-8所示。

表2-8 储位分配的方法

序 号	方 法	说 明
1	人工分配法	人工分配储位凭借的是仓库工作人员的知识和经验，其效率会因人而异。优点是比计算机等设备投入费用少；缺点是分配效率低，出错率高
2	计算机辅助分配法	利用图形监控系统，收集储位信息并显示储位的使用情况，提供给储位分配人员实时查询，为储位分配提供参考，最终由人工下达储位分配指示
3	计算机自动分配法	利用图形监控系统和各种现代化信息技术（条码扫描器、无线通信设备、网络技术和计算机系统等）收集储位的相关信息，经过计算机分析后直接完成储位分配工作

任务实施

步骤一 对物品进行分类

按照存放物品同一性原则，将物品分成大家电、小家电、食品、数码产品、化妆品等，并确认所存放的物品没有性质相抵触的。同品名、规格近似的物品不得放在同一储位；瓶装易碎物品应放在一层储位；将平均出库频率较高的物品放在离出库区最近且方便操作的地方，即靠近出库区货架的低层储位。

步骤二 计算每种物品需要的储位数量

结合每种物品的入库数量和每个储位可放的物品数量，计算出每种物品所需要的储位数量。

步骤三 考虑每个储位上物品的总重量

在分配储位时，尽量将较重的物品放在货架的下层，将较轻的物品放在货架的上层。

步骤四 分配储位

仓管员李军综合考虑所有的储位安排原则，为表2-6中的所有物品分配合适的储位，并将储位编号填在表2-6中的最后一列。

任务评价

内容如表2-9和表2-10所示。

表2-9 小组评价表

班 级		小 组				
任务名称		入库储位安排				
评价项目	评价标准		参考分值	评价得分		
				自评	组间互评（平均）	教师评价
任务完成情况及有关内容	按时、操作规范地完成任务		20			
	具有良好的安全作业观念和环保节约意识		15			
	具有良好的团队合作精神和创新精神		15			
	小计		50			
合计（自评×20%+互评×40%+教师评×40%）						

表2-10 小组成员评价表

班 级		小 组		姓 名		
任务名称		入库储位安排				
评价项目	评价标准		参考分值	评价得分		
				自评	组内互评（平均）	教师评价
职业素养	参与作业任务的精神面貌		5			
	有良好的职业道德，爱岗敬业、吃苦耐劳，具有工匠精神		10			
	有较强的沟通能力和人际关系协调能力		5			
专业知识和技能	掌握相关的专业基础知识		10			
	在小组作业任务完成中能应用所学相关专业知识，发挥专业技能水平，完成作业任务		20			
	小计		50			
合计（自评×20%+互评×40%+教师评×40%）						

注：1. 学生实际得分=小组评价得分+小组成员评价得分。
2. 考评满分为100分，59分及以下为不及格；60～70分为及格；71～89分为良好；90分及以上为优秀。

拓展提升

一、储位管理的基本原则

储位管理与其他管理一样，其管理方法必须遵循一定的原则。其基本原则有以下三个方面。

1. 储位标志明确

先将储存区域详细划分，再加以编号，让每种物品都有位置可以存放。此位置的表达必须很明确，边界不可以含混不清，如不可以用走道、楼上、角落或某物品旁等。

2. 物品定位有效

依据物品保管方式的不同，以及储存物品要考虑的其他因素，把物品有效地配置在先前所规划的储位上，如冷藏物品应放在冷藏库，流通速度快的物品应放在靠近出口处，香皂不能和食品存放在一起等。

3. 变动更新及时

每当物品的位置或数量发生改变时，应及时对变动情形加以记录，以保证记录与实物数量完全吻合。仓库管理人员在烦琐的工作中会产生惰性，这是影响仓库储位管理作业效率的重要因素。

二、计算储存空间的方法

为入库物品分配储存位置时，还要计算并判断储存空间是否够用。针对计重物品、计件物品和上架物品，计算储存空间的方法如表 2-11 所示。

表 2-11 计算储存空间的方法

序号	方法	说明
1	计重物品堆码空间	计重物品堆码空间可以根据仓储定额计算，计算公式为 堆码物品占用面积（m^2）= $\dfrac{物品到货数量（t）}{该种物品的仓储定额（t/m^2）}$ 例如：已知袋装大米的仓储定额为 0.8t/m^2，大米共 3.8t，则其堆码占用面积为 4.75m^2（3.8t 除以 0.8t/m^2）
2	计件物品堆码空间	对于有外包装的计件物品，其堆码占用面积的计算公式为 堆码物品占用面积（m^2）= $\dfrac{入库总件数}{允许堆码层数}$×单件物品底面积（m^2） 例如：美的微波炉 200 台，允许堆码层数为 4 层，单件物品底面积为 0.3m^2，则其占用面积为 15m^2（200 台除以 4 层，再乘以 0.3m^2）
3	上架物品摆放空间	对于放置在货架上的物品，其存放时占用储位数的计算公式为 物品占用储位数=单个物品所占储位数×物品数量 例如：每盒手机所占储位数为 1/3，即每个储位可放 3 盒手机，则 30 盒手机所占储位数为 10 个（1/3 乘以 30 盒）

三、货架储位安排的参考标准

1. 按物品的轻重分类

（1）重物：每立方米重量超过 600kg 的物品。

（2）一般物品：每立方米重量在 333～600kg 范围内的物品。

（3）轻泡物品：每立方米重量不足 333kg 的物品。

2. 货架上的储位安排

（1）下层：摆放重物，物品重量不得超过货架实际载重量。

（2）中层：摆放一般物品，物品重量不得超过货架实际载重量。

（3）上层：摆放轻泡物品，物品重量不得超过货架实际载重量。

下面列举一个货架储位安排的案例，如表2-12所示。

表2-12 货架储位安排的案例

序号	物品名称	种类	重量	体积	单个托盘货架容积	单个托盘物品件数	单个托盘载重量	货架位置
1	罐装饮料	重物	8kg/件	270mm×120mm×400mm	1m×1.2m×1.5m	135件	1 080kg	下层
2	矿泉水	一般物品	15kg/件	380mm×260mm×240mm	1m×1.2m×1.5m	30件	450kg	中下层
3	袋装粉丝	一般物品	2.5kg/件	430mm×290mm×140mm	1m×1.2m×1.5m	100件	250kg	中上层
4	休闲100	轻泡物品	2.5kg/件	330mm×470mm×480mm	1m×1.2m×1.5m	24件	60kg	上层

任务三　物品编码

任务情境

豫舟物流中心一号库需要根据豫舟百货的物品情况（见表2-13）编制一套物品代码，打印并制作成条码。仓库主管王朝辉负责完成物品的编码作业。

表2-13 物品明细表

序号	物品名称	规格	序号	物品名称	规格
1	长虹高清智能电视 E6000A	65in	16	海飞丝去屑洗发露	500g
2	长虹智能电视 32M1	32in	17	飞利浦电脑小音箱 SPA20	黑色
3	格力空调 KFR-32GW/（32561）FNAa-2	1.5P	18	奔腾电磁炉 BT1881A	2100W
4	容声冰箱 BCD-636WD11HPA	636L	19	飞利浦剃须刀 S3206/09	干湿双剃
5	戴尔机箱成就 3710	i3-12100、8GB、256GB、单主机	20	飞利浦电吹风机 HP8120	折叠
6	戴尔液晶电脑显示屏 SE2723DS	27in	21	联想手机 Y70	L71091
7	戴尔键盘 KB740	有线、黑色	22	联想手机 Y90	L71061
8	戴尔鼠标 MS3320W	移动无线、黑色	23	统一绿茶	500mL
9	联想机箱 E77s	i3-10105、8GB、1TB+256GB、集显	24	洽洽原味香瓜子	100g
10	联想显示器 Y25-30	24.5in	25	徐福记香烤牛排味米格玛	100g
11	联想键盘 K4800S	黑色	26	绿箭薄荷味口香糖	64g
12	联想鼠标小新	无线、蓝牙、岩灰色	27	太太乐鸡精	100g
13	潘婷乳液修护洗发露	500g	28	海天老抽王	500mL
14	雅芳翠竹保湿润肤霜	50g	29	华辉莲藕粉	120g
15	兰芝水净白清透保湿乳	120g			

🎯 任务要求

1. 能够理解并运用物品编码的原则进行物品的编码作业；
2. 能够选择合适的物品编码方法进行物品的编码作业。

知识准备

一、物品编码的概念和种类

我国《物流术语》（GB/T 18354—2021）中对物品编码的定义："按一定规则赋予物品易于机器和人识别、处理的代码，是给物品赋予编码的过程。"物品编码的种类主要有以下几种。

1. 数字编码

在对物品进行编码时，可完全采用阿拉伯数字，如 031、032、033 等。

2. 字母编码

在对物品进行编码时，可完全采用字母，分为大写字母、小写字母和大小写字母混合三种形式，如 AA、ab、Ac 等。

3. 字母+数字编码

在对物品进行编码时，可采用字母和数字混合的形式，如 D6、D7、D8 等。

在上述三种物品编码种类中，较常用的是数字编码。

二、物品编码的原则

要遵循一定的原则对进入仓库的物品进行编码，以提高物品管理的效率，增加物品管理的准确性，如表 2-14 所示。

表 2-14 物品编码的原则

序号	原则	说明
1	唯一性	在同一个分类编码标准体系中，每个编码对象只有一个编码，即一个编码只代表一个物品
2	简易性	编码结构应尽量简单，以便记忆，同时减少编码处理中的差错，提高信息处理效率
3	扩充性	为将来可能增加的物品留有扩充编码的余地
4	充足性	所采用的文字、记号或数字应足够用来编码
5	安全性	防止公司机密外泄
6	一贯性	每种物品都只用一种编码表示，而且必须前后统一，具有一贯性
7	计算机的易处理性	充分发挥计算机的优势，提高物品仓储作业流程的效率

三、物品编码的方法

1. 流水编码法

流水编码法又称顺序编码法或延伸式编码法，是指将阿拉伯数字或英文字母按顺序往

下编排，如表 2-15 所示。

表 2-15　流水编码法举例

物 品 编 码	物 品 名 称
0000000001	香皂
0000000002	肥皂
0000000003	洗涤剂
⋮	⋮
000000000N	洗衣粉

流水编码法的优点是编码结构简单，使用方便，易于延伸，对编码对象的顺序无任何特殊规定和要求；缺点是编码本身不会给出有关物品的任何其他信息。流水编码法多用于账号或发票编号。

2. 层次编码法

层次编码法是指按照物品在分类体系中的层级次序，依次编写相应的数字代码，一般用于分类体系，如第一层级（大类）、第二层级（中类）、第三层级（小类），如表 2-16 所示。

表 2-16　层次编码法举例

物 品 大 类	物 品 中 类	物 品 小 类	物 品 花 样	物 品 编 码
服装 （302）	女装 （2）	衬衣（1）	1	302211
			2	302212
		风衣（2）	1	302221
		毛衣（3）	1	302231
			2	302232
			3	302233
			4	302234
		棉衣（4）	1	302241
			2	302242

层次编码法的优点是编码结构简单，逻辑性强，信息容量大，能明确地反映分类编码对象的属性或特征及其相互联系，便于汇总数据；缺点是弹性差，需要预先留出相当数量的备用码，该方法往往用于编码变化不大的情况。

3. 分组编码法

分组编码法是指按照物品特性分成多个数字组，每个数字组代表物品的一种特性。例如，第一组代表物品类别，第二组代表物品供应商，第三组代表物品尺寸，第四组代表物品名称。

分组编码法的优点是编码结构简单，容量大，便于计算机管理，在仓库管理中使用较广；缺点是在人工识别时不容易迅速理解编码的含义，需要与计算机配合使用。

例如，编码 010250001 代表该物品是由可口可乐公司供应的 500mL 的可口可乐饮料；编码 010250007 代表该物品是由可口可乐公司供应的 500mL 的雪碧饮料，其意义如

表2-17所示。

表2-17 分组编码法举例

物品编码	物品类别	物品供应商	物品尺寸	物品名称	编码的意义
010250001	01				饮料
		02			可口可乐公司
			500		500mL
				01	可口可乐饮料
⋮	⋮	⋮	⋮	⋮	⋮
010250007				07	雪碧饮料

4. 数字分段法

数字分段法是指把数字分段，每段数字代表有共同特性的一类物品，如表2-18所示。

表2-18 数字分段法举例

物品编码	物品名称	说　明
1	舒肤佳香皂	
2	玉兰油香皂	
3		3～5为香皂类物品预留号
4		
5		
6	佳洁士牙膏	
7	黑妹牙膏	
8		8～12为牙膏类物品预留号
9		
⋮		
12		

5. 实际意义编码法

实际意义编码法是指根据物品的名称、重量、尺寸、分区、储位、保存期限等实际情况对物品进行编码。特点是能够通过物品编码迅速了解物品的相关信息。

例如，FO4915B1，其实际意义如表2-19所示。

表2-19 实际意义编码法举例

物品编码		含　义
FO4915B1	FO	FOOD，食品类
	4915	4in×9in×15in，尺寸
	B	B区，物品储存区号
	1	第一排货架

39

6. 暗示编码法

暗示编码法是指用数字与文字组合编码，编码暗示物品的内容和有关信息。暗示编码法既容易记忆，又可防止物品信息外泄。

例如，BY005WB10，其暗示意义如表2-20所示。

表2-20 暗示编码法举例

属　　性	物 品 名 称	物 品 尺 寸	物品颜色与形式	供 应 商
编码	BY	005	WB	10
含义	自行车（Bicycle）	型号为5号	白色（White）；男童型（Boy's）	供应商的代号

任务实施

步骤一　选择并确定物品编码方法

仓库主管王朝辉考虑到物品编码的易读性和仓库存放物品种类比较多等特点，最终选择了层次编码法。

步骤二　开始编码

首先根据仓库里物品的种类，对物品进行层级分类，如表2-21所示，完成的物品编码一览表如表2-22所示。

表2-21 层次编码法的具体应用

物品大类（2位）	物品中类（2位）	物品小类（2位）	物品明细（3位）	物品编码
家电（01）	大家电（01）	电视（01）	物品名称及型号	010101×××
		空调（02）	物品名称及型号	010102×××
		⋮		
	小家电（02）	电磁炉（01）	物品名称及型号	010201×××
	⋮	⋮		
数码（02）	通信设备（01）	手机（01）	物品名称及型号	020101×××
	计算机（02）	整机（01）	物品名称及型号	020201×××
		配件（02）	物品名称及型号	020202×××
	⋮	⋮		
化妆品（03）	护肤（01）	乳液/面霜（01）	物品名称及型号	030101×××
	洗发（02）	洗发水（01）	物品名称及型号	030201×××
	⋮	⋮		
食品（04）	饮品（01）	饮料（01）	物品名称及型号	040101×××
	休闲零食（02）	干果（01）	物品名称及型号	040201×××
		糕点（02）	物品名称及型号	040202×××
	⋮	⋮		
⋮				

项目二　物品入库作业

表 2-22　物品编码一览表

序 号	物品名称	规格型号	物品编码
1	长虹高清智能电视 E6000A	65in	010101001
2	长虹智能电视 32M1	32in	010101002
3	格力空调 KFR-32GW/（32561）FNAa-2	1.5P	010102001
4	容声冰箱 BCD-636WD11HPA	636L	010103001
5	戴尔机箱成就 3710	i3-12100、8GB、256GB、单主机	020202001
6	戴尔液晶电脑显示屏 SE2723DS	27in	020202002
7	戴尔键盘 KB740	有线、黑色	020202003
8	戴尔鼠标 MS3320W	移动无线、黑色	020202004
9	联想机箱 E77s	i3-10105、8GB、1TB+256GB、集显	020202005
10	联想显示器 Y25-30	24.5in	020202006
11	联想键盘 K4800S	黑色	020202007
12	联想鼠标小新	无线、蓝牙、岩灰色	020202009
13	潘婷乳液修护洗发露	500g	030201001
14	雅芳翠竹保湿润肤霜	50g	030101001
15	兰芝水净白清透保湿乳	120g	030101002
16	海飞丝去屑洗发露	500g	030201002
17	飞利浦电脑小音箱 SPA20	黑色	020202008
18	奔腾电磁炉 BT1881A	2100W	010201001
19	飞利浦剃须刀 S3206/09	干湿双剃	010202001
20	飞利浦电吹风机 HP8120	折叠	010202002
21	联想手机 Y70	L71091	020101001
22	联想手机 Y90	L71061	020101002
23	统一绿茶	500mL	040101001
24	洽洽原味香瓜子	100g	040201001
25	徐福记香烤牛排味米格玛	100g	040202002
26	绿箭薄荷味口香糖	64g	040203001
27	太太乐鸡精	100g	040301001
28	海天老抽王	500mL	040302001
29	华辉莲藕粉	120g	040401001

步骤三　打印物品条码

利用条码打印机（见图 2-14）按物品编码打印出条码，如联想显示器 Y25-30 的物品编码为 020202006，条码如图 2-15 所示。

图 2-14　条码打印机　　　　图 2-15　打印出的物品条码

41

步骤四 粘贴物品条码

将打印好的条码粘贴到物品上，注意粘贴位置，保证条码平整，以便扫描设备顺利扫描。

任务评价

内容如表2-23和表2-24所示。

表2-23 小组评价表

班 级		小 组			
任务名称		物品编码			
评价项目	评价标准	参考分值	评价得分		
			自评	组间互评（平均）	教师评价
任务完成情况及有关内容	按时、操作规范地完成任务	20			
	具有良好的安全作业观念和环保节约意识	15			
	具有良好的团队合作精神和创新精神	15			
	小计	50			
合计（自评×20%+互评×40%+教师评×40%）					

表2-24 小组成员评价表

班 级		小 组		姓 名	
任务名称		物品编码			
评价项目	评价标准	参考分值	评价得分		
			自评	组内互评（平均）	教师评价
职业素养	参与作业任务的精神面貌	5			
	有良好的职业道德、爱岗敬业、吃苦耐劳，具有工匠精神	10			
	有较强的沟通能力和人际关系协调能力	5			
专业知识和技能	掌握相关的专业基础知识	10			
	在小组作业任务完成中能应用所学相关专业知识，发挥专业技能水平，完成作业任务	20			
	小计	50			
合计（自评×20%+互评×40%+教师评×40%）					

注：1. 学生实际得分=小组评价得分+小组成员评价得分。
 2. 考评满分为100分，59分及以下为不及格；60～70分为及格；71～89分为良好；90分以上为优秀。

拓展提升

我国《物流术语》（GB/T 18354—2021）中对条码的定义："由一组规则排列的条、空组成的符号，可供机器识读，用以表示一定的信息，包括一维条码和二维条码。"

我国《物流术语》（GB/T 18354—2021）中对一维条码的定义："仅在一个维度方向上表示信息的条码符号。"

我国《物流术语》（GB/T 18354—2021）中对二维条码的定义："在二个维度方向上都表示信息的条码符号。"

任务四 物品接运

任务情境

2022年8月11日，联想集团送货人李响将100台笔记本电脑及其送货单（见表2-26）一起送到了豫舟物流中心一号库，由一号库仓管员李军安排物品的接运作业。

表2-26 送货单

客户名称	联想集团	送货单号	2022081101	送货日期	2022.08.11	
序 号	物品编码	物品名称	包装材料	单 位	数 量	备 注
1	902019821	联想笔记本电脑V14-IGL	纸箱	台	100	
合计					100	
送货人签字：				收货人签字：		

任务要求

1. 熟悉物品接运的不同方式；
2. 能够按照接运作业流程完成接运任务；
3. 会处理物品接运中出现的异常问题。

知识准备

一、物品接运的方式

在实际的仓储业务中，物品的接运方式不止一种，下面介绍几种常见方式，如表2-27所示。

表2-27 常见的物品接运方式

序 号	方 式	说 明
1	车站、码头接货	在提货前应做好接运物品的准备工作，组织装卸人员、工具和车辆，按时前往车站、码头提货。提货时应根据运单及有关资料详细核对物品名称、规格、数量，并注意物品外观，查看包装和封印是否完好，有无玷污、受潮、水浸、油渍等。若有疑点或不符，应当场要求承运部门检查
2	铁路专用线接车	接到铁路专用线到货通知后，应立即确定卸货货位，组织卸车所需要的机械、人员及有关资料，做好卸车准备。车皮到达后，引导对位，进行检查。卸车时要注意为物品验收和入库保管提供便利条件，卸车后在物品上标明车号和卸车日期，编制卸车记录，办好内部交接手续

续表

序 号	方 式	说 明
3	到供货单位提货	仓库接受货主委托直接到供货单位提货时，仓库应根据提货通知单了解所提取物品的性能、规格、数量，组织提货所需的机械、工具、人员，当场检验质量，清点数量，并做好验收记录，提货与验收合并，一次完成
4	库内接货	存货单位或供货单位将物品直接运送到仓库储存时，应由保管员或验收员直接与送货员办理交接手续，当面验收并做好记录。若有差错应填写记录，由送货员签字证明，据此向有关部门提出索赔

我国《物流术语》（GB/T 18354—2021）中对铁路专用线的定义："与铁路运营网相衔接，为特定企业、单位或物流节点服务的铁路装卸线及其联结线。"

二、接运作业流程

以库内接货方式为例，其作业流程如图2-16所示。

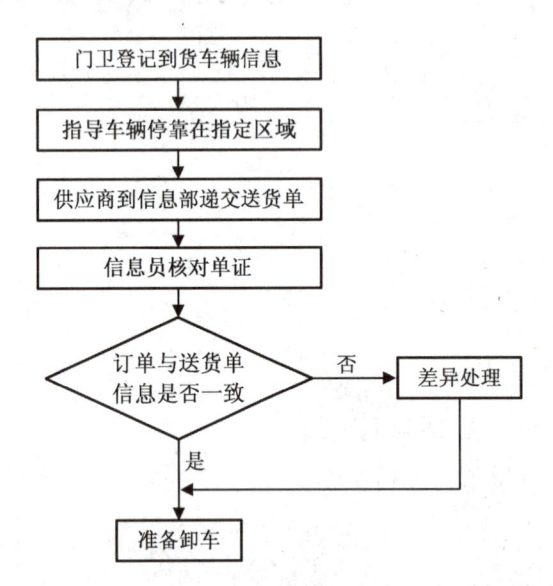

图2-16　接运作业流程（以库内接货方式为例）

任务实施

步骤一　门卫登记到货车辆信息

豫舟物流中心的门卫要求送货人进行入门信息登记（见图2-17），登记信息如表2-28所示。

图2-17　入门信息登记

表2-28　登记信息表

序　号	送货单位	司机姓名	车　牌　号	物品类别	登记时间
1	联想集团	李响	豫A65*50	笔记本电脑	2022.08.11 13:30

步骤二　指导车辆停靠在指定区域

登记信息之后，门卫指导司机将车停靠在等待收货区。

步骤三　供应商到信息部递交送货单

步骤四　信息员核对单证

联想集团送货人李响将送货单送到信息部，交给信息员吴斌，吴斌根据仓储管理系统中的入库通知单对送货单信息进行核对，核对物品名称、规格、数量、金额等是否一致。若一致，应通知相关人员准备卸车，通知仓管员及时对物品进行验收；若不一致，则进行差异处理。

任务评价

内容如表 2-29 和表 2-30 所示。

表 2-29　小组评价表

班　　级		小　　组			
任务名称		物品接运			
评价项目	评价标准	参考分值	评价得分		
			自评	组间互评（平均）	教师评价
任务完成情况及有关内容	按时、操作规范地完成任务	20			
	具有良好的安全作业观念和环保节约意识	15			
	具有良好的团队合作精神和创新精神	15			
小计		50			
合计（自评×20%+互评×40%+教师评×40%）					

表 2-30　小组成员评价表

班　　级		小　　组		姓　　名		
任务名称		物品接运				
评价项目	评价标准	参考分值	评价得分			
			自评	组内互评（平均）	教师评价	
职业素养	参与作业任务的精神面貌	5				
	有良好的职业道德，爱岗敬业、吃苦耐劳，具有工匠精神	10				
	有较强的沟通能力和人际关系协调能力	5				
专业知识和技能	掌握相关的专业基础知识	10				
	在小组作业任务完成中能应用所学相关专业知识，发挥专业技能水平，完成作业任务	20				
小计		50				
合计（自评×20%+互评×40%+教师评×40%）						

注：1. 学生实际得分=小组评价得分+小组成员评价得分。

　　2. 考评满分为100分，59分及以下为不及格；60～70分为及格；71～89分为良好；90分及以上为优秀。

拓展提升

一、物品接运中异常问题的处理

在物品的接运过程中，会出现各种异常问题，工作人员应该针对不同的问题采用不同的处理方法，如表2-31所示。

表2-31　物品接运中异常问题的处理

序号	问题	处理办法
1	破损	包装破损会影响物品和仓储保管质量，物品本身破损会影响价值或使用价值，因此应及时确定破损原因，划分责任
2	短少	接运物品短少的，应向承运部门索取有关的事故记录作为索赔的依据；接运中因装载不牢或无人押运导致被盗窃而短少的，签收时报告保卫部门处理
3	变质	由于生产或保管不善、保期过长等导致物品变质的，责任在供货方；承运中由于受污染、有水渍等导致物品变质的，责任在承运方；提运中，因混放、雨淋等导致物品变质的，责任在接运方
4	错到	因发运方的责任，如错发、错装等导致错到，应通知发运方处理；因提运和接运中的责任，如错卸、错装等导致错到，仓管员应报仓库主管追查处理；因承运方责任，如错运、错送等导致错到，应索取承运方记录，交货主交涉处理；对于无合同、无计划的到货，应及时通知货主查询，经批准后，才能办理入库手续

二、送货单信息与入库申请单信息不一致的处理

当接运人员发现送货单信息与入库申请单信息不一致时，有两种处理办法，如表2-32所示。

表2-32　送货单信息与入库申请单信息不一致的处理

序号	情况说明	处理办法
1	仓储管理系统中没有与送货单相匹配的入库申请单信息	与公司信息部联系，确认是否漏做订单。如果是漏做订单，请求在系统中补充订单信息；如果不是漏做订单，说明物品为误到，拒绝接收这批物品
2	送货单信息与入库申请单信息不一致	与供应商代表在送货单上注明差异情况，要求更正差异

任务五　物品验收

任务情境

2022年8月11日14:00，信息部对李响的送货单进行了接运处理，确认信息无误后通知一号库仓管员李军对这批物品进行验收。一号库仓管员李军通知验收员张超对到库物

品进行验收，通知操作员李文峰做好卸货准备。

任务要求

1. 能根据物品验收的基本要求，确定合适的物品验收方法；
2. 能按照物品验收作业流程完成物品验收作业；
3. 会选择合适的计量工具完成验收业务；
4. 会灵活处理物品验收过程中出现的异常问题。

知识准备

一、物品验收的基本要求

1. 高效

物品虽然到库了，但是未经验收的物品没有入账，不算入库。到库物品必须在规定时间内完成验收入库工作，因为物品的退/换货或赔偿都有一定的期限。

2. 精确

验收时应以物品入库凭证为依据，准确查验入库物品的实际数量和质量情况，并通过书面材料准确地反映出来，做到账、卡、物相符，尽力降低收货差错率。

3. 严格

仓库的各个方面都要严肃认真地对待物品验收工作。验收工作的好坏直接关系到国家和企业的利益。

4. 经济

验收过程要耗费相应的人力、物力和财力，这就需要各个岗位和环节密切合作，提高作业效率，尽可能减少物品在验收环节的损坏，保证验收工作的经济性。

二、物品验收的方法

1. 数量验收

在对物品进行数量验收时，主要有三种常用的方法，如表2-33所示。

表2-33 数量验收的常用方法

序 号	方 法	说 明
1	计件法	对按件数供货或以件数为计量单位的物品，在进行数量验收时清点件数
2	检斤法	对按重量供货或以重量为计量单位的物品，在进行数量验收时称重
3	检尺求积法	对以体积为计量单位的物品，在进行数量验收时先检尺，后求体积

2. 质量验收

质量验收包括包装检验、外观检验、尺寸检验和理化检验四种形式。

（1）包装检验。物品包装的好坏、干潮可直接反映物品的安全储存和运输情况，所以要对物品的包装进行严格验收，凡是合同对包装有具体规定的，要严格按规定验收，如箱板的厚度，打包铁腰的匝数，纸箱、麻包的质量等。对于包装的干潮程度，一般采用眼看、手摸等方法进行检查验收。

（2）外观检验。对物品包装的检验只能判断物品的大致情况，所以对物品的外观进行检验必不可少。物品外观检验的内容包括外观质量缺陷、外观质量受损情况及有无锈蚀（见图2-18）、霉腐（见图2-19）、受潮等情况的检查，主要采用感官验收法。

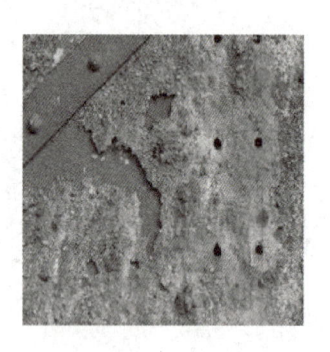

图2-18 锈蚀的铁皮　　　　　　图2-19 霉腐的玉米

感官验收法是用感觉器官，如视觉、听觉、触觉、嗅觉来检查物品质量的一种方法，如表2-34所示。

表2-34　感官验收法

序　号	方　法	说　明
1	视觉检验——看	通过观察物品的外观，确定其质量是否符合要求，即在充足的光线条件下观察物品的颜色、状态、结构等表面状况，检验物品是否发生变形、破损、脱落、变色、结块等现象，对质量加以判断
2	听觉检验——听	通过摇动或搬运等操作听取声音，或者轻度敲击细听发声，鉴别其质量有无缺陷。例如，原箱未开的热水瓶，可以通过转动箱体，听其内部有无玻璃碎片撞击之声，从而辨别有无破损
3	触觉检验——摸	通过触摸包装内物品，利用手感鉴定物品的光滑度、细度、黏度和柔软度，以判断物品是否存在受潮、变质等异常情况
4	嗅觉检验——闻	通过物品特有的气味和滋味，用鼻嗅物品是否已失去应有的气味，或有无串味及漏异味的现象，以测定、判定物品质量

（3）尺寸检验。尺寸检验适用于金属材料中的型材、部分机电产品和少数建筑材料。不同型材的尺寸检验各有特点，如椭圆形型材主要检验直径和圆度；管材主要检验厚度和内径（见图2-20）；板材主要检验厚度及其均匀度等。这是一项技术性强、费时费力的工作，需要各种尺寸检验工具配合检验。由于全部检验工作量大，所以一般采用抽检的方式进行。

（4）理化检验。理化检验是指借助各种试剂、仪器和设备对物品的内在质量和化学性质所进行的检验，如图2-21所示，如含水量、黏度、成分、光谱等测试。理化检验一

项目二 物品入库作业

般由仓库技术管理职能机构取样，委托专门检验机构检验。

图 2-20 检验管材的内径

图 2-21 理化检验

三、物品验收作业流程

物品验收作业流程如图 2-22 所示。

图 2-22 物品验收作业流程

任务实施

步骤一　再次核对单据信息

在物品送到后，验收员张超核对送货人员提交的送货单（见表 2-26）和之前发来的入库申请单（见表 2-1），确认物品的名称、规格、数量、包装等内容是否一致。

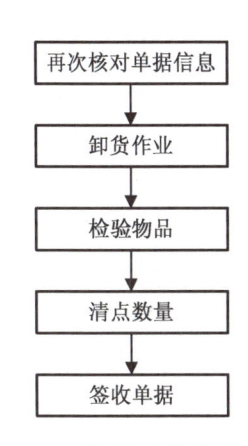

步骤二　卸货作业

单据确认无误后，由操作员李文峰完成卸货作业，将物品放在待检区等待检验。

步骤三　检验物品

单据核对无误后，应针对以下方面进行重点检查。

（1）检查物品的外包装是否有破损、污损，封箱标志是否完整等。

（2）由于对方是长期合作的大客户，每次物品入库时，不需要开箱检验每件物品的质量，验收员张超按照规定检验了物品的规格、数量、包装等基本信息。（如果合同中明确规定需要抽检或开箱检查，那么必须按照规定抽检或开箱检查，以确认物品的品种、规格、生产日期、质量等是否符合要求。）

步骤四　清点数量

由于本次入库的物品是联想笔记本电脑，数量较少，验收员张超采用计件法对物品的数量进行清点，清点数量为 100 台。

步骤五　签收单据

验收员张超在完成验收并确认无误后，需要在验收单的"备注"栏中填写实收数量，并在"验收员"处签字确认，如表 2-35 所示。

49

表 2-35 验收单

物品名称	联想笔记本电脑 V14-IGL		到货数量（台）	100	抽检数量（台）	0
到货日期	2022.08.11			检验日期	2022.08.11	
供应商	联想集团			送货单号	2022081101	
检 验 情 况					备　注	
1. 外包装检查			完好			
2. 外包装规格检查			完好			
					实收数量： 100 台	
检验结论：☑合格　　□让步接收　　□拒收 验收员：张超　　　　批准人：李军						

验收员张超在检验完毕并在验收单上签字确认后，将验收单交给仓管员李军，李军在核对验收单并确认无误后在验收单的"批准人"处签字，并在送货人李响的送货单上签字确认收货完毕，签字后的送货单如表 2-36 所示。

表 2-36 签字后的送货单

客户名称	联想集团	送货单号	2022081101	送货日期	2022.08.11	
序　号	物品编码	物品名称	包装材料	单位	数量	备注
1	902019821	联想笔记本电脑 V14-IGL	纸箱	台	100	
合计					100	
送货人签字：李响			收货人签字：李军			

任务评价

内容如表 2-37 和表 2-38 所示。

表 2-37 小组评价表

班　级		小　组			
任务名称		物品验收			
评价项目	评价标准	参考分值	评价得分		
			自评	组间互评（平均）	教师评价
任务完成情况及有关内容	按时、操作规范地完成任务	20			
	具有良好的安全作业观念和环保节约意识	15			
	具有良好的团队合作精神和创新精神	15			
	小计	50			
合计（自评×20%+互评×40%+教师评×40%）					

表 2-38 小组成员评价表

班　级		小　组		姓　名		
任务名称		物品验收				
评价项目	评价标准	参考分值	评价得分			
			自评	组内互评（平均）	教师评价	
职业素养	参与作业任务的精神面貌	5				
	有良好的职业道德、爱岗敬业、吃苦耐劳，具有工匠精神	10				
	有较强的沟通能力和人际关系协调能力	5				
专业知识和技能	掌握相关的专业基础知识	10				
	在小组作业任务完成中能应用所学相关专业知识，发挥专业技能水平，完成作业任务	20				
	小计	50				
合计（自评×20%+互评×40%+教师评×40%）						

注：1. 学生实际得分＝小组评价得分+小组成员评价得分。
    2. 考评满分为100分，59分及以下为不及格；60～70分为及格；71～89分为良好；90分及以上为优秀。

拓展提升

一、验收物品时常用的计量工具

在验收物品过程中经常使用的计量工具有重量计量工具、长度计量工具、个数计量工具和流体容积计量工具，如表 2-39 所示。

表 2-39 验收物品时常用的计量工具

序 号	工 具	图 示
1	重量计量工具	磅秤　　电子秤　　轨道秤
2	长度计量工具	检尺器　　自动长度计量仪
3	个数计量工具	自动计数器
4	流体容积计量工具	流量计量仪　　液面/液位计量仪

二、验收物品过程中异常问题的处理

在验收物品的过程中会出现单据不全、单单不符等情况，具体的处理办法如表 2-40 所示。

表 2-40 验收物品过程中异常问题的处理

序 号	问 题	处 理 办 法
1	单据不全	验收所需的单据不齐全时，到库物品应作为待验物品处理，待单据到齐后再进行验收，若条件允许也可以提前验收
2	单单不符	应立即通知货主，并按货主提出的办法处理，同时将全部事实处理经过记录在案，以备以后检查
3	质量有异	应先将合格品验收入库，不合格品分开堆放，做出详细记录，并立即通知货主；交涉期间，要妥善保管不合格品

续表

序 号	问 题	处 理 办 法
4	数量不符	数量短缺在误差规定的范围内的，可按原数入账；数量短缺超过误差规定的范围的，应做好验收记录，填写磅码单，交主管部门会同货主向供货单位交涉；实际数量多于原发料量的，可由主管部门向供货单位退回多发数或补发货款
5	有单无货	应及时向货主反映，以便划分责任
6	错验	应及时通知货主，积极组织人员进行复验，及时更正

三、易受霉腐微生物侵害的物品

作为仓管人员，需要特别注意易受霉腐微生物侵害的物品（见表2-41和图2-23），注意采取适当的保管/保养措施，延长物品的储存时间。

表2-41 易受霉腐微生物侵害的物品

序 号	物 品	说 明
1	含纤维素较多的物品	棉与棉加工品、麻与麻加工品、粘胶纤维、木竹和藤制品、纸与纸制品，部分橡胶、塑料和化纤制品等
2	含蛋白质较多的物品	丝制品、毛制品、皮革制品、各种鱼类、肉类、蛋类和乳制品等
3	含糖较多的物品	干鲜果品，各种食糖、糖果、蜜饯、果酱、果汁、蜂蜜等糖制食品
4	含酒精较多的物品	低浓度的酒，如啤酒、葡萄酒、果酒和黄酒等
5	含水量较高的物品	水果、蔬菜等

图2-23 霉腐的月饼、书籍和胡萝卜

四、常见的容易串味的物品

（1）易被串味的物品有大米、面粉、木耳、食糖、饼干、茶叶、卷烟等；
（2）易引起其他物品串味的物品有汽油、煤油、桐油、腌鱼、腌肉、卫生球、肥皂、化妆品、农药等。

任务六　物品理货码盘

任务情境

2022 年 8 月 11 日 17：00，送货人李响送来的 100 台笔记本电脑已经验收完毕。仓管员李军通知操作员李文峰完成对这批笔记本电脑的理货作业。笔记本电脑外包装的尺寸为 450mm×350mm×100mm，标准托盘的尺寸为 1 200mm×1 000mm。

按照仓储管理规定，要将这批笔记本电脑存放在托盘货架上，且码盘高度不超过 5 层。笔记本电脑外包装图示显示了具体摆放要求，如图 2-24 所示。

图 2-24　笔记本电脑外包装图示

任务要求

1. 根据码盘的要求，熟悉理货码盘的作业流程；
2. 能够熟练地进行托盘堆码；
3. 会采用常用且合适的托盘物品加固方法对物品进行加固。

知识准备

我国《物流术语》（GB/T 18354—2021）中对码盘作业的定义："以托盘为承载物，将物品向托盘上堆放的作业。"

一、码盘的要求

（1）堆码整齐，物品堆码后四个角成一条直线，如图 2-25 所示。
（2）不同物品不混堆，不同规格型号不混堆，不同生产厂家不混堆。
（3）根据不同的物品外包装规格选择合适的堆码方法。
（4）堆码层数不能超出物品包装箱上限定的层数，如图 2-26 所示。
（5）物品标签要朝外，且不能倒置，如图 2-27 所示。
（6）充分利用托盘面积和载重。
（7）每层物品数量应一致，便于清点数目。

项目二 物品入库作业

图 2-25 堆码整齐　　　图 2-26 堆码层数极限　　　图 2-27 物品标签朝外

二、理货码盘的基本作业流程

理货码盘的基本作业流程如图 2-28 所示。

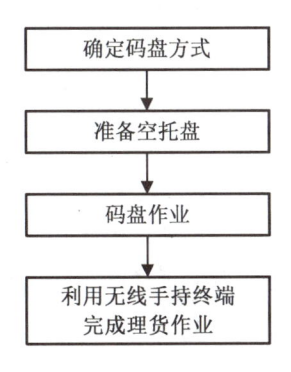

确定码盘方式
↓
准备空托盘
↓
码盘作业
↓
利用无线手持终端
完成理货作业

图 2-28 理货码盘的基本作业流程

三、常用的托盘堆码方式

托盘作为一种常用的物品堆放工具，在摆放同一形状的立体包装物品时，可以采用多种交错组合的方式堆码，这样可以保证货垛的稳定性，减少加固工作。常用的托盘堆码方式如表 2-42 所示。

表 2-42 常用的托盘堆码方式

序号	方式	说　明	特　点	图　示
1	重叠式	各层堆码方式相同，上下对应，层与层之间不交错堆码	操作简单，包装物四个角和边重叠垂直，承压能力强；但层与层之间缺少咬合点，稳定性差，容易发生塌垛。在物品底面积较大的情况下，该方式有足够的稳定性，比较适合自动装盘堆码操作	

55

续表

序号	方式	说明	特点	图示
2	纵横交错式	相邻两层物品的码放旋转90°，一层为横向放置，另一层为纵向放置，层间交错堆码	操作相对简单，层与层之间有一定的咬合效果，稳定性比重叠式好；但咬合强度不够，稳定性不足，比较适合自动装盘堆码操作	
3	正反交错式	同一层中，不同列物品保持90°垂直码放，相邻两层物品的码放旋转180°	操作比较麻烦，不同层间的咬合强度较高，相邻层之间压缝，稳定性较高	
4	旋转交错式	第一层相邻两边的包装体互为90°，两层之间的堆码相差180°	相邻两层之间交叉咬合，托盘物品稳定性较高，不容易塌垛；但堆码难度大，中间形成的空穴降低了托盘利用率	

四、智慧物流在托盘堆码中的应用

码垛机器人是机械与计算机程序有机结合的产物，为现代生产提供了更高的生产效率，节省了劳动力和空间，其运作灵活精准，快速高效，稳定性高，作业效率高。

码垛机器人系统采用具有专利技术的坐标式机器人，安装占用空间灵活紧凑，能够在较小的范围内建造高效、节能的全自动砌块成型机生产线。码垛机器人在码垛行业有着相当广泛的应用，如图2-29所示。

项目二 物品入库作业

图 2-29 码垛机器人

任务实施

步骤一　确定码盘方式

操作员李文峰决定采用重叠式堆码方式，每个托盘码放 5 层，每层 6 台笔记本电脑，前三个托盘共可码放 90 台，每个托盘码放 30 台，第四个托盘码放 10 台。

步骤二　准备空托盘

根据物品的数量，操作员李文峰计算了一下所需的托盘数量。每个托盘码放 30 台笔记本电脑，共 100 台，需要 4 个托盘。

步骤三　码盘作业

将底层的物品箱堆码整齐，箱与箱之间不留空隙；箱与箱之间应为正面与正面衔接，侧面与侧面衔接；将物品箱逐层堆码，层与层之间的物品箱平行，物品箱的四个角和边重叠，方向相同，直到堆码完成。

步骤四　利用无线手持终端完成理货作业

操作员李文峰利用无线手持终端（以下简称"手持终端"）登录仓储作业系统，如图 2-30 所示。

输入用户名、密码后，单击【登录】按钮，显示仓储作业系统主功能界面，如图 2-31 所示。单击【入库作业】按钮，在进入的界面中单击【入库理货】按钮，进入入库理货界面。

图 2-30 利用手持终端登录仓储作业系统 　　　图 2-31 仓储作业系统主功能界面
　　　　　　　　　　　　　　　　　　　　　　　　　　　　（【入库作业】按钮）

在入库理货界面单击待处理单据的【理货】按钮，如图 2-32 所示。

57

利用手持终端采集物品条码信息，信息采集成功后，系统自动提示此物品的入库目标储存区域，再利用手持终端扫描托盘标签，如图2-33所示。

图2-32　入库理货界面　　图2-33　对物品条码和托盘标签进行扫描

扫描前显示的信息如图2-34所示。

扫描后显示的信息如图2-35所示。

图2-34　扫描前显示的信息　　图2-35　扫描后显示的信息

系统会将"货品名称""规格""实收数量"等信息显示出来，操作员李文峰只需核对实收数量与订单入库数量是否一致即可。

根据储位存放设定，一个托盘上可码放30台联想笔记本电脑，所以对第一托物品进行组托作业时，会显示"实收数量 30"。第一托物品理货完毕后，单击【保存结果】按钮，系统继续对剩余的70台联想笔记本电脑进行组托作业，重复上述组托作业的操作，扫描物品条码和托盘标签，保存组托作业的信息。由于这批物品共100台，因此会占用4个托盘，4个储位，进行4次组托理货操作。待100台联想笔记本电脑全部组托完毕后，系统界面如图2-36所示。

图2-36　系统提示理货已完成

任务评价

内容如表2-43和表2-44所示。

表 2-43 小组评价表

班级		小组		
任务名称	物品理货码盘			
评价项目	评价标准	参考分值	评价得分		
^	^	^	自评	组间互评（平均）	教师评价
任务完成情况及有关内容	按时、操作规范地完成任务	20			
^	具有良好的安全作业观念和环保节约意识	15			
^	具有良好的团队合作精神和创新精神	15			
	小计	50			
合计（自评×20%+互评×40%+教师评×40%）				

表 2-44 小组成员评价表

班级		小组		姓名	
任务名称	物品理货码盘				
评价项目	评价标准	参考分值	评价得分		
^	^	^	自评	组内互评（平均）	教师评价
职业素养	参与作业任务的精神面貌	5			
^	有良好的职业道德，爱岗敬业、吃苦耐劳，具有工匠精神	10			
^	有较强的沟通能力和人际关系协调能力	5			
专业知识和技能	掌握相关的专业基础知识	10			
^	在小组作业任务完成中能应用所学相关专业知识，发挥专业技能水平，完成作业任务	20			
	小计	50			
合计（自评×20%+互评×40%+教师评×40%）					

注：1. 学生实际得分=小组评价得分+小组成员评价得分。

2. 考评满分为100分，59分及以下为不及格；60～70分为及格；71～89分为良好；90分及以上为优秀。

拓展提升

我国《物流术语》（GB/T 18354—2021）中对加固的定义："为保证稳定性、完好性和安全性而将货物合理固定的作业。"

一、常用的托盘物品加固方法

在完成了基本的码盘作业后，需要对托盘上的物品进行加固，常用的方法如表 2-45 所示。

表 2-45 常用的托盘物品加固方法

序号	方　法	说　明	特　点	图　示
1	捆扎法	用绳索或打包带等通过扎结、黏合、热融、加卡箍等方法垂直和对角捆扎物品	全方位保证物品稳固	
2	网罩紧固法	对金属配件加网罩紧固，为了防水，还可以在网罩下用防水层覆盖	防止形状不规则物品发生倒塌	
3	加框加固法	用木板、胶合板等在托盘物品相对的两面或四面至顶部加框，再用绳索或打包带等加固物品	双重加固，保证贵重物品的安全	
4	中间夹摩擦材料加固法	将具有防滑性的纸板、纸片、软性塑料片或泡沫塑料等夹在各层物品之间	增加层间摩擦力，防止物品水平移动	
5	专用金属卡具加固法	对于部分可以插入金属夹卡的物品，可用夹卡连接和固定相邻包装物	使一层成为一个整体，防止个别物品分离滑落	
6	黏合加固法	在每两层之间贴上双面胶条，将两层通过胶条黏合在一起	防止托盘物品从层间滑落	
7	胶带加固法	托盘物品外围用单面不干胶粘捆	不易出现散捆	
8	托盘周边垫高加固法	将托盘四周略微垫高，托盘上的物品会向中心靠拢	在发生摇摆、震动时，可防止层间滑动错位或货垛外倾	
9	热缩薄膜加固法	将热缩薄膜置于托盘货体之上，然后进行热缩处理，薄膜收缩后，便将托盘物品坚固成一体	可防止塌垛，而且防水、防雨	

续表

序 号	方 法	说 明	特 点	图 示
10	拉伸薄膜加固法	用拉伸薄膜将物品与托盘一起缠绕包裹，拉伸薄膜外力撤出后使托盘货体坚固，形成集合包装件	不能防潮，捆缚能力差，只能用于轻量的集装包装	

二、托盘循环共用系统

我国《物流术语》（GB/T 18354—2021）中对托盘循环共用系统的定义："在多个用户间实现托盘共享、交换、重复使用的综合性物流服务系统。"

托盘作为物流系统中的单元化器具，被誉为"活动的地面""移动的货台"，在物流供应链中具有不可替代的作用。推广标准化托盘及托盘循环共用系统，是降低物流成本、提高物流效率的有效途径和抓手。

任务七　物品上架

任务情境

2022年8月11日19:00，操作员李文峰已对100台联想笔记本电脑完成理货码盘作业，通知叉车操作员赵刚将已理好的4个托盘搬运到相应的货架上。

任务要求

1. 熟悉物品上架的基本作业流程；
2. 根据物品上架的摆放规则，利用手持终端进行物品上架操作；
3. 会操作手动液压托盘车、堆高车和叉车进行物品上架作业。

知识准备

一、物品上架的基本要求

（1）选择合适的搬运设备；
（2）严格规范地操作搬运设备；
（3）搬运过程中沿规定路线行驶；
（4）物品在搬运上架过程中无掉落现象；
（5）无设备损坏现象，无安全隐患；
（6）体现物流作业的快速有效性。

二、物品上架的基本作业流程

物品上架的基本作业流程如图 2-37 所示。

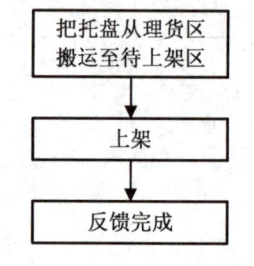

图 2-37　物品上架的基本作业流程

任务实施

步骤一　把托盘从理货区搬运至待上架区

叉车操作员赵刚利用手持终端登录仓储作业系统，进入主功能界面，如图 2-38 所示，单击【入库搬运】按钮，进入搬运操作界面，如图 2-39 所示。

图 2-38　仓储作业系统主功能界面（【入库搬运】按钮）

图 2-39　搬运操作界面

利用手持终端扫描托盘标签 8000000000002 后，系统会显示托盘上的"货品名称""数量"及"到达地点"等信息，如图 2-40 所示。

图 2-40　利用手持终端扫描托盘标签后的界面

叉车操作员赵刚根据系统提示将这批联想笔记本电脑用手动液压托盘车从理货区搬运至待上架区（电器类货架交接区），准备上架。单击【确认搬运】按钮，入库搬运完成。

步骤二　上架

叉车操作员赵刚利用手持终端登录仓储作业系统，进入主功能界面，如图 2-41 所示，单击【入库上架】按钮，进入入库上架界面，如图 2-42 所示。

图 2-41　仓储作业系统主功能界面
（【入库上架】按钮）

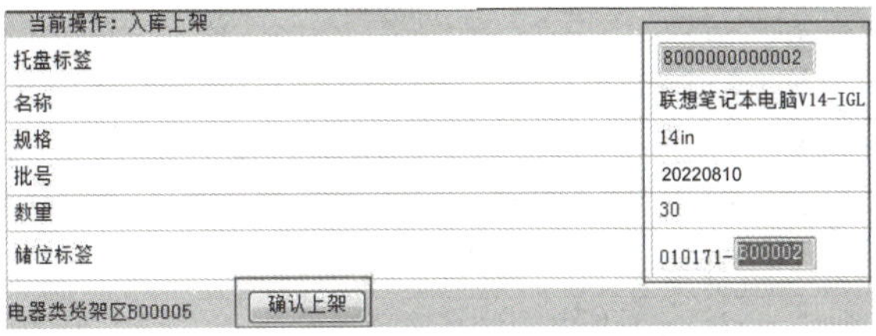

图 2-42　入库上架界面

叉车操作员赵刚操作半自动堆高车将标签为 8000000000002 的托盘放入系统指定的 B00002 储位，然后单击【确认上架】按钮，如图 2-42 所示。入库上架作业完成。

步骤三　反馈完成

再次进入仓储作业系统主功能界面，如图 2-43 所示，单击【入库理货】按钮，进入入库理货界面，如图 2-44 所示。单击【完成】按钮，即可完成所有入库操作。

图 2-43　仓储作业系统主功能界面
（【入库理货】按钮）

图 2-44　入库理货界面

任务评价

内容如表 2-46 和表 2-47 所示。

表 2-46　小组评价表

班　　级		小　　组				
任务名称	物品上架					
评价项目	评价标准		参考分值	评价得分		
				自评	组间互评（平均）	教师评价
任务完成情况及有关内容	按时、操作规范地完成任务		20			
	具有良好的安全作业观念和环保节约意识		15			
	具有良好的团队合作精神和创新精神		15			
小计			50			
合计（自评×20%+互评×40%+教师评×40%）						

表 2-47　小组成员评价表

班　级		小　组		姓　名	
任务名称			物品上架		
评价项目	评价标准	参考分值	评价得分		
			自评	组内互评（平均）	教师评价
职业素养	参与作业任务的精神面貌	5			
	有良好的职业道德、爱岗敬业、吃苦耐劳，具有工匠精神	10			
	有较强的沟通能力和人际关系协调能力	5			
专业知识和技能	掌握相关的专业基础知识	10			
	在小组作业任务完成中能应用所学相关专业知识，发挥专业技能水平，完成作业任务	20			
小计		50			
合计（自评×20%+互评×40%+教师评×40%）					

注：1. 学生实际得分=小组评价得分+小组成员评价得分。

　　2. 考评满分为 100 分，59 分及以下为不及格；60～70 分为及格；71～89 分为良好；90 分及以上为优秀。

拓展提升

一、物品上架的摆放规则

（1）同一款式的物品必须摆在同一列，一列摆满后才能摆在下一列。要将物品标签朝外，以便员工查找。

（2）存货应确保"同类物品纵向摆放"，保持每列内外物品一致。物品存货量不够摆满另一列时，应放在最里面，其余位置摆放其他物品，但必须保证最外层有该物品以作提示。

（3）在双面取货的货架上摆放物品存货时，可将其视为两个单面货架，从两面向中间摆放，这样可以摆放更多的品种。

（4）仓库货架的每层托盘必须摆放整齐，成一条线；存货位上物品的外侧面必须规范整齐，成一个平面，不得超出层板的边线。

（5）仓库货架调整需要在安检人员的监督下进行，以保证货架安全。

（6）玻璃包装、罐装、瓶装等易碎物品应摆放在货架下层。

二、操作手动液压托盘车、堆高车、叉车上/下架的注意事项

（1）司机必须是专业司机或经过上岗培训合格后才能操作车辆。

（2）按照库房规定路线行驶，避免交通堵塞，保证物畅其流。

（3）手动液压托盘车、堆高车、叉车协同完成上/下架操作时，必须有序进行，操作过程中小心驾驶，避免撞到货架上的物品；注意避让柱子、行人和车辆。

任务八 办理入库手续

任务情境

2022年8月11日21:00，100台联想笔记本电脑经过验收、搬运、理货码盘及上架作业后，仓管员李军还要办理相应的入库手续，包括登账、立卡、建档等。至此，物品入库作业才算完成。

任务要求

1. 熟悉办理入库手续的基本流程；
2. 能够根据台账的填写要求登记台账；
3. 熟悉物品入库相关单证。

知识准备

一、办理入库手续的基本流程

办理入库手续的基本流程如图2-45所示。

二、登账的要求

（1）按物品的名称、规格、货主等分别建立账户。

（2）账目采用活页式，按物品的种类和编号顺序排列，账页上注明货位号和档案号以便查对。

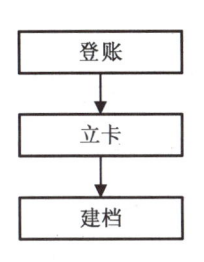

（3）登账必须以正式合法的凭证为依据，如物品入库单和出库单、领料单等，应及时登记，填写清楚、准确。

图2-45 办理入库手续的基本流程

（4）记账应连续、完整，依日期顺序登记，不能隔行或跳页；账页应依次编号，账页记完后，应将结存数结转至新账页，或年末结存后转入新账页，旧账页入档妥善保管。

（5）一律用蓝、黑色墨水笔登账，用红墨水笔冲账；登账错误，不得刮擦、挖补、涂抹或用其他药水更改字迹，应在错处划一条红线注销，然后在其上方填上正确的文字或数字，并加盖更改者的印章。

任务实施

步骤一 登账

仓管员李军根据入库单填写手工台账，台账的格式可以根据出/入库物品的特点与管理的需要酌情设计，一般包括以下内容。

（1）时间；

(2) 入库单号；

(3) 物品名称、规格、数量、包装等；

(4) 存放货位号、结存数量等；

(5) 货主名称；

(6) 提货时间、出库号、出库数量等；

(7) 其他预留内容。

手工台账如表 2-48 所示。

表 2-48 手工台账

物品出/入库明细账卡					卡号		D00011
^					货主名称		联想集团
^					货位		B00002
物品名称	联想笔记本电脑 V14-IGL			规格	14in		
计量单位	台			供应商单位	联想集团		
应收数量	100			送货单位	联想集团		
实收数量	100			包装情况	完好		
2022 年		收发凭证号	摘要(出库/入库)	入库数量	出库数量	结存数量	备注
月	日	^	^	件数	件数	件数	^
8	11	2022081101	入库	100		100	物品验收情况 完好
							^
							^

步骤二 立卡

仓管员李军将物品名称、规格、数量、出/入库状态等内容填入货卡。货卡又称料卡、货盘，插放在物品下方的物品支架上或摆放在货垛正面的明显位置，如图 2-46 所示。此项任务中填制的货卡如表 2-49 所示；日常业务中常见的货卡如图 2-47 所示。

图 2-46 货卡的摆放

表 2-49 货卡

物品名称	联想笔记本电脑 V14-IGL		规格	14in	单位	台
2022 年		摘要（出库/入库）	收入数量	发出数量	结存数量	
月	日	^	^	^	^	
8	11	入库	100		100	

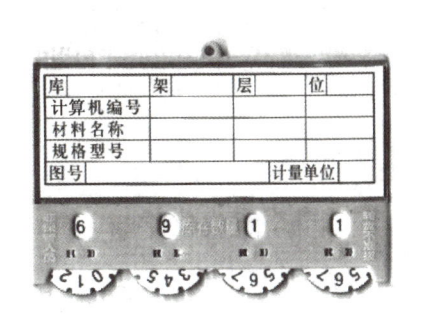

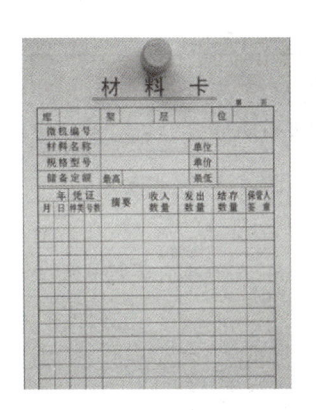

图 2-47 日常业务中常见的货卡

步骤三 建档

将物品的入库通知单、送货单、验收单、入库单等相应单证、各种技术资料，以及今后保管期间的操作记录、发货单等原件或复印件存入档案。应一物一档。

任务评价

内容如表 2-50 和表 2-51 所示。

表 2-50 小组评价表

班 级		小 组		
任务名称	办理入库手续			
评价项目	评价标准	参考分值	评价得分		
^	^	^	自评	组间互评（平均）	教师评价
任务完成情况及有关内容	按时、操作规范地完成任务	20			
^	具有良好的安全作业观念和环保节约意识	15			
^	具有良好的团队合作精神和创新精神	15			
小计		50			
合计（自评×20%+互评×40%+教师评×40%）				

表 2-51 小组成员评价表

班 级		小 组		姓 名	
任务名称	办理入库手续				
评价项目	评价标准	参考分值	评价得分		
^	^	^	自评	组内互评（平均）	教师评价
职业素养	参与作业任务的精神面貌	5			
^	有良好的职业道德，爱岗敬业、吃苦耐劳，具有工匠精神	10			
^	有较强的沟通能力和人际关系协调能力	5			

续表

班　级		小　组		姓　名		
任务名称			办理入库手续			
评价项目	评价标准		参考分值	评价得分		
				自评	组内互评（平均）	教师评价
专业知识和技能	掌握相关的专业基础知识		10			
	在小组作业任务完成中能应用所学相关专业知识，发挥专业技能水平，完成作业任务		20			
	小计		50			
合计（自评×20%+互评×40%+教师评×40%）						

注：1. 学生实际得分＝小组评价得分+小组成员评价得分。

2. 考评满分为100分，59分及以下为不及格；60～70分为及格；71～89分为良好；90分及以上为优秀。

拓展提升

一、物品入库相关单证

物品入库相关单证有入库通知单、送货单、验收单等，如某仓库上述单据的格式如图2-48～图2-50所示。

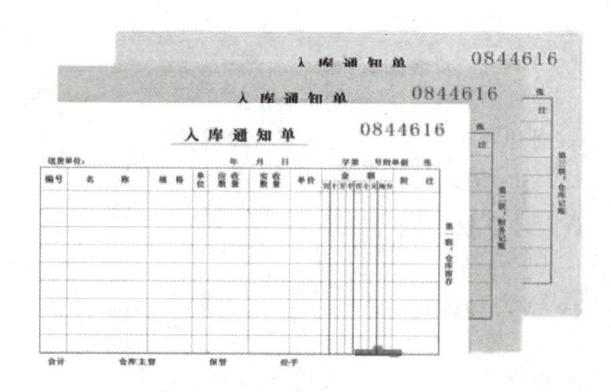

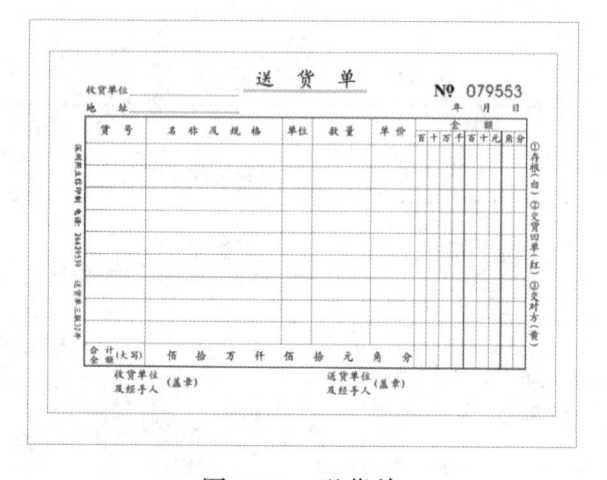

图2-48　入库通知单

图2-49　送货单

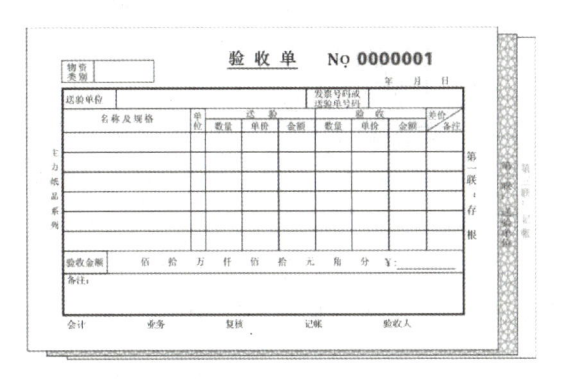

图 2-50　验收单

二、物品入库管理制度

为物品办理了入库手续后，物品的入库工作就基本完成了。在整个入库过程中，工作人员必须严格遵守物品入库的有关制度，保证入库工作安全、顺利地完成。

以下是某生产型企业采购物品入库的有关制度。

> ××公司物品入库制度
>
>一、物品采购回来后首先办理入库手续，由采购人员向库管员逐件交接。库管员要根据采购计划单上的项目认真清点所要入库物品的数量，并检查物品的规格、质量，做到数量、规格、品种、价格准确无误，质量完好，配套齐全，并在接收单上签字（或在入库登记簿上共同签字确认）。
>
>二、对于在外加工货物，应认真清点所要入库物品的数量，并检查物品的规格、质量，做到数量、规格、品种准确无误，质量完好，配套齐全，并在接收单上签字。
>
>三、物品入库时，根据入库凭证现场交接，必须按所购物品质量标准对物品进行检查验收，并做好入库登记。
>
>四、物品验收合格后应及时入库。
>
>五、物品入库时，要按照不同的主机型号、材质、规格、功能和要求分类，分别放入货架的相应位置储存，在储存时注意做好防锈、防潮处理，保证物品的安全。
>
>六、物品数量准确、价格不串，做到台账、标牌、货物相符合。发生问题时不能随意更改，应查明原因，如是否有漏入库或多入库现象。
>
>七、精密、易碎及贵重物品要轻拿轻放，严禁挤压、碰撞、倒置，要做到妥善保存，其中贵重物品应入公司内小仓库保存，以防被盗。
>
>八、做好防火、防盗、防潮工作，严禁与公司无关的人员进入仓库。
>
>九、仓库应保持通风，保持库内整洁。由于仓库的容量有限，物品的摆放应整齐紧凑，做到无遮掩；标牌要醒目，便于识别辨认。

巩固提高

一、判断题（正确的打"√"，错误的打"×"）

1. 入库储位安排主要包括掌握仓库存货及储位情况、制订仓储计划，以及准备苫垫材料、作业工具等。（　　）

2. 人工分配储位的缺点是分配效率低，出错率高。（　　）

3. 采用条码对物品进行编码，有助于仓储相关作业环节中的扫描作业。（　　）

4. 拉伸薄膜加固法不能防潮，捆缚能力差，不能用于轻量的集装包装。（　　）

5. 货卡插放在物品下方的物品支架上或摆放在货垛正面的明显位置，显示物品名称、

规格、数量、出/入库状态等内容。   （   ）

二、单项选择题

1. 接收入库申请单后，入库准备作业的第一步是（   ）。

   A. 新增入库订单　　　　　　　　B. 接收客户需求信息

   C. 生成入库作业计划　　　　　　D. 确认入库物品到货信息

2. 为防止物品因长期存放而变质、损毁、老化，特别是感光材料和食品类，安排储位时应遵循（   ）原则。

   A. 周转率对应　　B. 同一性　　C. 相似性　　D. 先进先出

3. （   ）的特点是能够通过物品编码迅速了解物品的相关信息。

   A. 暗示编码法　　B. 实际意义编码法　　C. 分组编码法　　D. 数字分段法

4. 通过（   ）可以检验物品是否发生变形、破损、脱落、变色、结块等现象，对质量加以判断。

   A. 视觉检验——看　　B. 嗅觉检验——闻　　C. 触觉检验——摸　　D. 听觉检验——听

5. 下列托盘堆码方式中，不同层间的咬合强度较高，相邻层之间压缝，稳定性较高的是（   ）。

   A. 重叠式　　B. 纵横交错式　　C. 正反交错式　　D. 旋转交错式

三、多项选择题

1. 入库储位安排包括的工作内容有（   ）。

   A. 为储位编号　　　　　　　　B. 掌握仓库储位情况

   C. 制订仓储计划　　　　　　　D. 妥善安排储位

   E. 熟悉入库物品

2. 储位管理的基本原则包括（   ）。

   A. 变动更新及时　　B. 保证先进先出　　C. 物品定位有效　　D. 储位标志明确

   E. 经济高效

3. 物品编码的种类包括（   ）。

   A. 数字编码　　B. 条码编码　　C. 字母编码　　D. 字母+数字编码

   E. 混合编码

4. 物品验收的基本要求有（   ）。

   A. 卫生　　B. 精确　　C. 严格　　D. 经济

   E. 高效

5. 易引起其他物品串味的物品有（   ）。

   A. 汽油　　B. 卫生球　　C. 化妆品　　D. 茶叶

   E. 图书

四、思考题

1. 请列举你所知道的物品编码的方法及各自的特点，完成表2-52。

表 2-52　各种编码方法及特点

方　　法	特　　点

2. 你所知道的托盘堆码方式有哪些？分别具有什么特点？

五、技能训练题

1. 开学初，新华书店将有一批教材采用送货上门的形式送达学校图书馆，请你运用所学知识，协助图书馆的老师进行教材的入库验收。

要求：

能够根据物品验收的基本要求，按照物品验收作业流程，采用合适的物品验收方法完成验收工作。

2. 小组任务。请各小组运用所学的各种托盘堆码方式，利用模拟入库物品在托盘上进行堆码比赛。

要求：

用规格统一的纸箱模拟入库物品，首先分小组进行堆码的实际操作练习，操作熟练后，各小组进行比赛。要求在教师规定的时间内边堆码边对堆码方式进行解说，教师按照以下参考标准为各组打分：

操作的安全性；货垛的稳固性；堆码方式的多少；堆码的合理性；堆码的创造性。

项目三

物品在库管理

项目目标

1. 掌握物品堆码的要求和方法，能进行物品堆码。
2. 了解物品垫垛和苫盖的材料与要求，能进行物品垫垛和苫盖。
3. 了解物品盘点的流程，能进行物品盘点。
4. 了解影响仓储物品质量变化的因素，掌握仓库温/湿度的控制与调节方法。
5. 培养学生安全作业意识和良好的职业行为规范。
6. 培养学生严谨、认真、细致的工作作风。
7. 培养学生踏实肯干、吃苦耐劳的优良品质。
8. 培养学生团队合作精神及沟通能力。

任务一　物品堆码

任务情境

2022年8月11日，豫舟物流中心三号库仓管员刘华接到供货商送来的两种家装材料，分别为900m³名和沪中牌方木（30mm×40mm×2 400mm）和500张鹏鸿牌细木工板（2 440mm×1 220mm×15mm）。验收合格，需要入库储存，仓管员刘华通知操作员孙立、马洪进行这批物品的堆码作业。

任务要求

1. 掌握物品堆码的要求；
2. 掌握物品堆码的方法；
3. 能根据物品的特点选择合适的堆码方法，并熟练进行物品堆码。

知识准备

一、物品堆码的概念及作用

我国《物流术语》（GB/T 18354—2021）中对堆码的定义："将物品整齐、规则地摆放成货垛的作业。"科学的物品堆码，有利于仓库中人身、物品、建筑物的安全；有利于物品出/入库的存取和在库养护操作；有利于提高仓容利用率；可采用机械作业以提高装卸作业效率。

二、物品堆码的要求

物品堆码是一项技术性较强的工作，应严格按照以下要求进行，如表3-1所示。

表3-1　物品堆码的要求

序　号	要　求	说　　明
1	合理	根据物品的性质、形状、规格、重量等因素设计货垛，使物品不受损坏
2	牢固	适当选择垛底面积、堆垛高度和垫衬材料，提高货垛的稳定性，保证货垛的牢固、安全和物品不受损坏
3	定量	根据仓储条件和物品特点确定货垛所存数量和每层数量，使堆码货垛或货垛的每层都定量计数，标记明显，便于清点和发货
4	整齐	货垛堆放整齐，垛形、垛高、垛距标准化和统一化，货垛中每件物品都码放整齐，垛边横竖成列，垛不压线，物品标签一律朝外
5	节约	在物品堆码过程中一次堆码成形，减少重复作业；物品的堆码应节省储位，有利于提高仓容利用率
6	方便	物品的堆码应方便装卸搬运，方便维护保养，方便物品检查、盘点及防火安全等

三、物品堆码的基本类型

根据物品的特性、包装方式、形状、保管要求，以及仓库的保管条件确定的物品堆码类型主要有散堆型、堆垛型、货架堆码型、托盘堆码型等，如表 3-2 所示。

表 3-2　物品堆码的基本类型

序　号	类　型	说　明	图　示
1	散堆型	将无包装的散货直接堆成货堆的物品存放类型，适用于露天存放的没有包装的大宗物品，如煤炭、矿石、散粮等。这种堆码类型简便，便于采用现代化的大型机械设备，节约包装成本，提高仓容利用率	
2	堆垛型	对于有包装的物品或裸装的计件物品一般采取堆垛型。堆垛型的选择主要取决于物品本身的性质、形状、体积、包装等，适用于有包装或裸装但尺寸较整齐划一的大件物品，如型钢、钢板等	
3	货架堆码型	将物品堆放在货架上的类型，适用于标准化的物品、带包装且密度较小的物品，以及不带外包装的各种零星小物品	
4	托盘堆码型	采取货板、托盘、网袋等成组工具使物品的堆存单元扩大。随着仓库作业机械化水平的提高，托盘堆码型将应用得更加广泛。这种类型可以提高仓容利用率，减少装卸搬运次数，减轻劳动强度，提高劳动效率，减少货损和货差	

四、物品堆垛型堆码的具体方法

由于物品本身的性质、形状、体积、包装等不同，所以堆垛型堆码的方法也较多，其具体方法如表 3-3 所示。

表 3-3 物品堆垛型堆码的具体方法

序号	方法	说明	特点	图示
1	重叠式堆码	又称直堆法，是逐件、逐层向上重叠，一件压一件的堆码方式	方便作业、计数，承载能力强，但稳定性较差，适用于整齐、规则、能够垂直叠放的板材、箱装或袋装物品等。堆码板材时，可逢五或逢十伸头交错，以便计数	
2	压缝式堆码	将底层并排摆放、上层放在下层的两件物品之间，即将上层的物品跨压在下层两件物品之间的缝隙上，逐层如此堆高	具有货垛稳固的特点，能较大限度地节省空间，方便操作，适用于卷板、钢带、卷筒纸、卧放的桶装物品等	
3	纵横交错式堆码	将长短一致、宽度排列能够与长度相等的物品一层横放，一层竖放，纵横交错堆码，形成方形垛	每两层之间有一定的咬合强度，但咬合强度不高，适用于长短一致的锭材、管材、棒材，狭长的裸装或箱装材料	
4	仰俯相间式堆码	对上下两面有大小差别或凹凸的物品，将物品一层仰放，一层俯放，仰俯相向而扣的码垛方法	稳定性不好，适用于钢轨、槽钢、角钢等物品。在露天码此垛形，应一头稍高，以利排水	
5	通风式堆码	任意两件物品之间都留有一定的空隙以利于通风，层与层之间采用压缝式或纵横交错式	适用于所有箱装、桶装及裸装物品，起到通风、防潮、散湿、散热的作用	
6	衬垫式堆码	在每两层或每几层物品之间夹进衬垫物，利用衬垫物使货垛的横断面平整，物品互相牵制，以加强货垛的稳固性。衬垫物需要视物品的形状而定	适用于不规则且较重的物品，如无包装电机、水泵等	

续表

序号	方法	说　明	特　点	图　示
7	栽柱式堆码	码放物品前先在堆垛两侧分别栽上两至三根木桩或铁棒，然后将物品平码在桩柱之间，码几层后用铁丝将相对两边的柱拴连，再往上码放物品	适用于棒材、管材等长条状物品	
8	直立式堆码	根据物品的属性，将其保持垂直方向码放的方法，一般是将每批物品按件排成行列的形式，每行或每列堆放一层或数层，垛形呈长条形	适用于不能侧压的物品，如玻璃、片状砂轮等易碎品，桶装、罐装、坛装物品，橡胶、塑料、沥青等侧压易粘制品	
9	宝塔式堆码	在4件物品的中心上方码放，逐层缩小的方法	适用于铁合金等桶装物品	

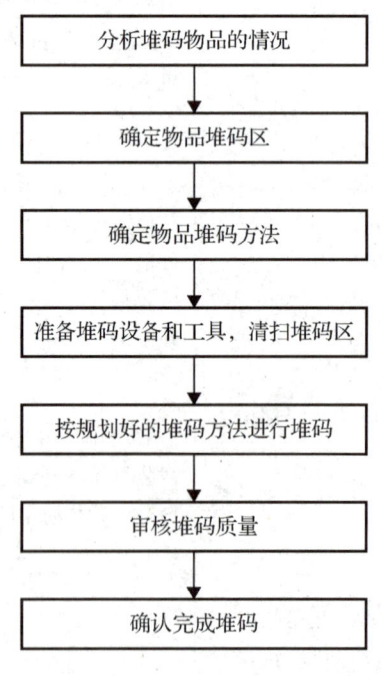

五、物品堆码的作业流程

物品堆码的作业流程如图3-1所示。

```
分析堆码物品的情况
      ↓
   确定物品堆码区
      ↓
  确定物品堆码方法
      ↓
准备堆码设备和工具，清扫堆码区
      ↓
 按规划好的堆码方法进行堆码
      ↓
    审核堆码质量
      ↓
    确认完成堆码
```

图3-1　物品堆码的作业流程

任务实施

步骤一　分析堆码物品的情况

分析堆码物品的情况，如尺寸、性质、形状等，以确定堆码区及堆码方式。方木和细

木工板属于较大型板材，占地面积较大。

步骤二　确定物品堆码区

根据物品的性质和仓库的存货及货位情况，确定方木入堆码区，细木工板入悬臂式货架区。

步骤三　确定物品堆码方法

根据物品的特性、包装方式、形状、保管要求及仓库的条件，操作员孙立决定对方木采用纵横交错式堆码方法，因为此种方法适用于长短一致的锭材、管材、棒材、狭长的裸装或箱装材料；对细木工板采用重叠式堆码方法，因为此种方法适用于整齐、规则、能够垂直叠放的板材、箱装或袋装物品等。

步骤四　准备堆码设备和工具，清扫堆码区

操作员孙立准备利用堆高车、液压托盘车等设备装卸搬运方木和细木工板，并将堆码区和悬臂式货架区清理干净。

步骤五　按规划好的堆码方法进行堆码

操作员孙立、马洪按规划好的堆码方法完成堆码任务。方木在堆码区采用纵横交错式堆码方法，将长短一致、宽度排列能够与长度相等的方木一层横放，一层竖放，纵横交错堆码；细木工板在悬臂式货架区采用重叠式堆码方法，逐件、逐层向上重叠，一件压一件地堆码，如图 3-2 和图 3-3 所示。

图 3-2　方木堆码示意图　　　　图 3-3　细木工板堆码示意图

步骤六　审核堆码质量

操作员孙立、马洪完成堆码后，进行堆码质量审核，审核的标准是堆码的要求，即合理、牢固、定量、整齐、节约、方便。

步骤七　确认完成堆码

堆码质量审核通过后，操作员孙立确认堆码任务的完成。

任务评价

内容如表 3-4 和表 3-5 所示。

表 3-4　小组评价表

班　级			小　组		
任务名称			物品堆码		
评价项目	评价标准	参考分值	评价得分		
			自评	组间互评（平均）	教师评价
任务完成情况及有关内容	按时、操作规范地完成任务	20			
	具有良好的安全作业观念和环保节约意识	15			
	具有良好的团队合作精神和创新精神	15			
	小计	50			
合计（自评×20%＋互评×40%＋教师评×40%）					

表 3-5　小组成员评价表

班　级			小　组		姓　名	
任务名称			物品堆码			
评价项目	评价标准	参考分值	评价得分			
			自评	组内互评（平均）	教师评价	
职业素养	参与作业任务的精神面貌	5				
	有良好的职业道德，爱岗敬业、吃苦耐劳，具有工匠精神	10				
	有较强的沟通能力和人际关系协调能力	5				
专业知识和技能	掌握相关的专业基础知识	10				
	在小组作业任务完成中能应用所学相关专业知识，发挥专业技能水平，完成作业任务	20				
	小计	50				
合计（自评×20%＋互评×40%＋教师评×40%）						

注：1. 学生实际得分＝小组评价得分＋小组成员评价得分。
　　2. 考评满分为 100 分，59 分及以下为不及格；60～70 分为及格；71～89 分为良好；90 分及以上为优秀。

拓展提升

一、物品堆码的"五距"

物品堆码的"五距"指的是垛距、墙距、柱距、顶距和灯距。"五距"的主要作用是通风、散潮、散热、安全、方便，具体内容如表 3-6 所示。

表 3-6　物品堆码的"五距"

序　号	五　距	说　明	距　离		目　的
1	垛距	货垛与货垛之间的距离	库房	30～50cm	通风和检查
			货场	>50cm	

续表

序号	五距	说明	距离		目的
2	墙距	货垛与墙壁之间的距离	内墙	10～30cm	散热、通风、散潮、消防
			外墙	10～50cm	
3	柱距	货垛与屋柱之间的距离	10～30cm		隔离潮湿、保护柱脚
4	顶距	货垛堆放的最大高度与库房、货棚屋顶横梁间的距离	50～90cm		通风、散热、散潮
5	灯距	货垛与照明灯之间的距离	>50cm		防火

二、对堆码场地的要求

堆码场地可分为三种：库房内堆码场地、货棚内堆码场地、露天堆码场地。不同类型的堆码场地，进行堆码作业时，会有不同的要求。

（1）库房内堆码场地：用于承受物品堆码的库房地坪，要求平坦、坚固、耐摩擦，一般要求1m²的地面承载能力为5～10t。堆码时货垛应在墙基线和柱基线以外，垛底须适当垫高。

（2）货棚内堆码场地：货棚是一种半封闭式的建筑，为防止雨雪渗漏、积聚，货棚堆码场地四周必须有良好的排水系统，如排水沟、排水管道等。货棚内堆码场地的地坪应高于棚外场地，并做到平整、坚实。堆码时，货垛一般应垫高20～40cm。

（3）露天堆码场地：露天货场的地坪材料可根据堆存物品对地面的承载要求，夯实泥地，如砂石地、块石地或钢筋水泥地等，应坚实、平坦、干燥、无积水、无杂草，四周同样应有排水系统。露天堆码场地必须高于四周地面，货垛必须垫高40cm。

三、对堆码物品的要求

物品在正式堆码前，必须达到以下要求。

（1）物品的名称、规格、数量、质量已全部查清，验收合格；
（2）物品已根据物流的需要进行编码；
（3）物品外包装完好、清洁、标志清楚；
（4）对部分受潮、锈蚀，以及发生质量变化的不合格物品，已经加工恢复或已隔离；
（5）为便于机械化作业，准备堆码的物品已进行集装单元化。

四、"五五化"堆码

"五五化"堆码是以五为基本计量单位，根据物品的不同形状，码成各种总数为五的倍数的货垛，如五五成方、五五成行、五五成包、五五成串等。这种方法便于过目知数，整齐，方便盘点和出库，适用于有外包装的物品（箱、包、袋和桶等）或长、大件物品

（钢材、木材等）进行堆码，具体形式如图 3-4 所示。

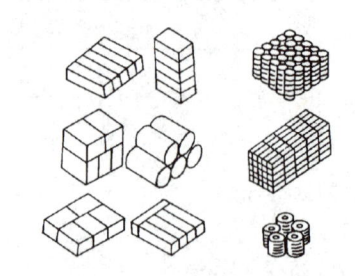

图 3-4 "五五化"堆码的具体形式

任务二 物品苫垫

任务情境

豫舟物流中心为了提高仓库利用率，要对仓库物品进行整理。一号库堆码区有纸箱运输包装的运动衣和运动鞋（运动衣包装箱规格为 600mm×500mm×300mm，运动鞋包装箱规格为 600mm×400mm×350mm）各 100 箱。这两种箱包物品以前直接堆放在水泥地坪上，不仅占用了很大的仓储面积，而且由于地面有灰尘及潮湿，影响了存放物品的质量，因此需重新进行整理堆码。由于运动衣和运动鞋需要防潮，所以堆码前首先需要垫垛；为了防尘，应保持包装的干净整洁，在垫垛后要求进行苫盖。仓管员李军和操作员李文峰对以上物品进行了苫垫作业。

任务要求

1. 了解物品苫垫的材料；
2. 掌握物品苫垫的要求和方法；
3. 能选择合适的垫垛和苫盖材料，并能熟练进行物品垫垛和苫盖作业。

知识准备

一、物品的苫盖

苫盖是指采用专用苫盖材料对货垛进行遮盖，以减少自然环境中的阳光、雨雪、风、尘土等对物品的侵蚀和损害，并使物品由于自身理化性质所造成的自然损耗尽可能地减少，保证物品在储存期间的质量。物品苫盖示意图如图 3-5 所示。

图 3-5 物品苫盖示意图

1. 物品苫盖的基本要求

苫盖的目的是给物品遮阳、避雨、挡风、防尘。苫盖时的基本要求为"刮风揭不开，下雨渗不进，垛要整齐，肩有斜度"，其具体要求如表3-7所示。

表3-7 物品苫盖的具体要求

序号	要求	描述
1	选择合适的苫盖材料	苫盖材料应符合"防火、安全、经济、耐用"的要求。选择无害的安全苫盖材料；苫盖材料不会对物品造成不良影响；成本低廉，不易损坏；能重复使用，没有破损和霉变
2	苫盖牢固	每张苫盖材料都需要牢固固定，必要时在苫盖材料外用绳索、绳网绑扎或者用重物镇压
3	苫盖的接口要紧密	接口要有一定深度的互相叠盖，不能迎风叠口或留空隙，苫盖材料必须拉挺、平整，不得有折叠和凹陷，防止积水
4	苫盖的底部与垫垛齐平	苫盖的底部与垫垛齐平，不腾空或拖地，并牢固地绑扎在垫垛外侧或地面的绳桩上，衬垫材料不露出垛外，以防雨水顺延渗入垛内
5	必要时加层苫盖	使用旧的苫盖材料或在雨水丰沛季节，垛顶或风口需要加层苫盖，确保雨淋不透

2. 物品苫盖材料

苫盖材料的主要作用是使物品免受风吹、雨打、日晒、冰冻的侵蚀。常见的物品苫盖材料主要包括塑料、席子、油毡、铁皮、苫布等，如图3-6所示。

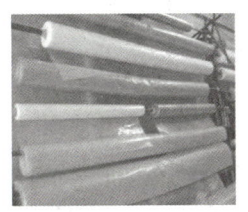

（a）塑料 　　（b）席子 　　（c）油毡

（d）铁皮 　　（e）苫布

图3-6 常见的物品苫盖材料

3. 物品苫盖的方法

常用的物品苫盖方法如表3-8所示。

表 3-8　常用的物品苫盖方法

序　号	方　法	说　明	图　示
1	就垛苫盖法	直接将大面积苫盖材料覆盖在货垛上遮盖，适用于起脊垛或大件包装物品。该方法操作简单，但不通风，要注意地面干燥	
2	鱼鳞式苫盖法	将苫盖材料从货垛的底部开始，自下而上呈鱼鳞式逐层交叠围盖。该方法一般采用面积较小的席、瓦等苫盖材料。该方法具有较好的通风性，但操作比较烦琐	
3	固定棚架苫盖法	用预制的苫盖骨架与苫叶合装而成的简易棚架，但不需基础工程，可随时拆卸和人力移动，适用于怕热、怕潮的物品。该方法利于排水、通风	
4	活动棚架苫盖法	与固定棚架苫盖法不同的是，棚架四周及顶部铺围苫盖物，在棚柱底部装上滚轮，整个棚架可沿固定轨道移动。活动棚架苫盖法较为快捷，具有良好的通风条件，但棚本身需要占用仓库位置，也需要较高的购置成本	
5	隔离苫盖法	与就垛苫盖法的区别在于苫盖材料不直接摆放在货垛上，而是用隔离物使苫盖材料和货垛顶隔开一定的距离	

二、物品的垫垛

物品垫垛是物品在堆码前，在预定的货位地面位置，使用衬垫材料进行铺垫的作业活动，如图 3-7 所示。

图 3-7 物品垫垛示意图

1. 物品垫垛的基本要求

(1) 所使用的衬垫物与拟储存物品不会发生不良影响，并具有足够的抗压强度；

(2) 地面要平整坚实，衬垫物要摆放平整，并保持同一方向，最好与走道、支道成直线；

(3) 注意垫底材料的排列方向，第一层垫木板或石块的空隙要对准走道或门窗，以利于垛底通风和散湿；

(4) 衬垫物间距适当，直接接触物品的衬垫面积与垛底面积相同；

(5) 衬垫物不能露在货垛外面，以防雨水顺着衬垫物内流浸湿物品；

(6) 衬垫物要有足够的高度，露天堆场要达到 0.3～0.5m，库房内达到 0.2m 即可。

2. 物品垫垛材料

垫垛的目的是使物品免受地坪潮气的侵蚀，使垛底通风透气。常见的物品垫垛材料包括方木、枕木、防潮纸（布）、塑料垫板、水泥垫块、石条等，如图 3-8 所示。

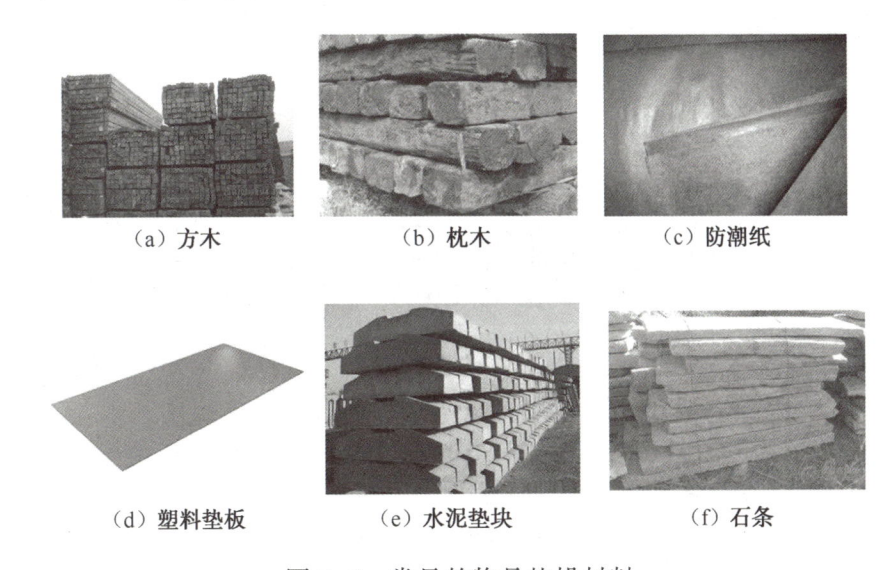

(a) 方木　　　(b) 枕木　　　(c) 防潮纸

(d) 塑料垫板　　　(e) 水泥垫块　　　(f) 石条

图 3-8 常见的物品垫垛材料

3. 物品垫垛的方法

常用的物品垫垛方法主要有托盘（栈板）法、垫木法、防潮纸（布）法三种。

(1) 托盘（栈板）法，即采用若干托盘（栈板），拼成所需货垛垛底的大小和形状，以备堆码，如图 3-9 所示。

图 3-9 托盘垫垛示意图

（2）垫木法，即采用规格相同的若干枕木或垫石，按货位的大小、形状排列，作为垛垫，如图 3-10 所示。

（3）防潮纸（布）法，即在垛底铺上一层防潮纸（布）作为垛垫，如图 3-11 所示。

图 3-10 枕木垫垛示意图　　　　　图 3-11 防潮布垫垛示意图

任务实施

步骤一　选择垫垛和苫盖的材料

为了防潮，仓库经常采用托盘、枕木、垫石和防潮纸（布）进行垫垛。仓管员李军考虑到本仓库的实际情况及物品的特点，决定垫垛的材料为托盘；由于该物品是在库内存放，受外界气候环境影响较小，故苫盖的材料为彩条布，捆扎采用尼龙绳，如图 3-12 所示。

（a）托盘　　　（b）彩条布　　　（c）尼龙绳

图 3-12 物品垫垛、苫盖和捆扎的材料

步骤二　垫垛作业

仓管员李军根据仓库货位面积的大小，进行垫垛托盘的排放，如图 3-13 所示。

步骤三　物品的堆码

按照包装箱规格与托盘尺寸确定堆码方法。托盘的尺寸为 1 200mm×1 000mm，运动衣包装箱规格为 600mm×500mm×300mm，采用重叠式堆码方法；运动鞋包装箱规格为 600mm×400mm×350mm，采用纵横交错式堆码方法。操作员李文峰根据确定的堆码方法，将物品整齐地堆码在垫垛托盘上。

步骤四　物品的苫盖

苫盖时，先将彩条布放置在过道中，沿纵向展开，然后再沿横向展开，两人在两端同时将彩条布一侧越过垛顶拉至另一侧，两侧拉匀后，用绳子在垛底离地面 20cm 处转一圈，对彩条布进行固定，然后将两侧余留的彩条布折叠后向上塞进绳子内侧。

步骤五　检查苫垫质量

根据苫垫的要求，仓管员李军对货垛的苫垫质量进行检查。

图 3-13　垫垛托盘的排放

任务评价

内容如表 3-9 和表 3-10 所示。

表 3-9　小组评价表

班　级		小　组				
任务名称			物品苫垫			
评价项目	评价标准		参考分值	评价得分		
				自评	组间互评（平均）	教师评价
任务完成情况及有关内容	按时、操作规范地完成任务		20			
	具有良好的安全作业观念和环保节约意识		15			
	具有良好的团队合作精神和创新精神		15			
小计			50			
合计（自评×20%+互评×40%+教师评×40%）						

表 3-10　小组成员评价表

班　级		小　组		姓　名		
任务名称			物品苫垫			
评价项目	评价标准		参考分值	评价得分		
				自评	组内互评（平均）	教师评价
职业素养	参与作业任务的精神面貌		5			
	有良好的职业道德，爱岗敬业、吃苦耐劳，具有工匠精神		10			
	有较强的沟通能力和人际关系协调能力		5			
专业知识和技能	掌握相关的专业基础知识		10			
	在小组作业任务完成中能应用所学相关专业知识，发挥专业技能水平，完成作业任务		20			
小计			50			
合计（自评×20%+互评×40%+教师评×40%）						

注：1. 学生实际得分=小组评价得分+小组成员评价得分。

　　2. 考评满分为 100 分，59 分及以下为不及格；60～70 分为及格；71～89 分为良好；90 分及以上为优秀。

拓展提升

一、物品垫垛的目的

通过垫垛可以使地面平整；使堆垛物品与地面隔离，防止地面潮气和积水浸湿物品；通过强度较大的衬垫物使重物的压力分散，避免损坏地坪；使地面杂物、尘土与物品隔离；形成垛底通风层，有利于货垛通风和排湿；使物品的泄漏物留存在衬垫物之内，防止流动扩散，以便收集和处理。

二、衬垫物数量的确定

仓库在存放单位重量较大的物品时，如果不能有效分散物品对地面的压力，则仓库的地面可能受损。因此，需要考虑在物品底部和仓库地面之间衬垫木板或钢板。衬垫物的使用量不仅要考虑将压力分散到仓库地坪载荷的限度之内，还要考虑这些库用消耗材料所产生的成本。因此，需要确定使压强小于地坪载荷的最少衬垫物数量。其计算公式为

$$n = \frac{Q_{物}}{L \times W \times q - Q_{自}}$$

式中，n 为衬垫物数量；$Q_{物}$ 为物品重量；L 为衬垫物长度；W 为衬垫物宽度；q 为仓库地坪承载能力；$Q_{自}$ 为衬垫物自重。

任务三　物品盘点

任务情境

豫舟物流中心执行月盘制度，一般盘点时间为每个月的14日和15日两天。2022年8月14日，物流配送中心的仓库主管王朝辉安排仓管员李军负责一号库电器类货架区的盘点工作。仓管员李军和盘点员张建军、刘海执行了这次盘点任务。

任务要求

1. 了解物品盘点方法；
2. 掌握物品盘点流程；
3. 能够根据物品盘点任务指令完成物品的盘点作业；
4. 能够正确填写盘点单。

知识准备

一、物品盘点的概念

我国《物流术语》（GB/T 18354—2021）中对盘点的定义："对储存物品进行清点和

账物核对的活动。"为了掌握物品的流动情况（入库、在库、出库的流动状况），要对仓库现有物品的实际数量与保管账上记录的数量相核对，以便准确地掌握库存数量。

二、物品盘点方法

因物品盘点场合、要求的不同，盘点的方法也有差异。物品盘点方法如表3-11所示。

表3-11 物品盘点方法

序 号	方 法	说明及特点
1	期末盘点	在会计计算周期末统一清点所有物品数量的方法。期末盘点是将所有物品一次盘点完，因此工作量大，要求严格，通常采取分区、分组的方式进行
2	循环盘点	每天或每周按顺序一部分一部分地进行盘点，在一个循环周期内将每种物品至少清点一次的方法
3	重点盘点	对进/出频率较高、易损耗或昂贵的物品所用的一种盘点方法
4	全面盘点	对在库物品进行全面的盘点清查，多用于清仓查库或年终盘点
5	动态盘点	又称永续盘点或日常盘点，是指核对处于动态的物品（发生过收、发作业的物品）的余额是否与系统相符。动态盘点有利于及时发现差错并处理
6	临时盘点	又称突击性盘点，是指在台风、梅雨、严冬等灾害性季节进行的临时性突击盘点

三、物品盘点流程

物品盘点流程如图3-14所示。

任务实施

步骤一 盘点前准备

确定盘点时间后，仓管员李军清理本仓库的场地；准备盘点单及盘点盈亏表等。

步骤二 进行账面及实物盘点

图3-14 物品盘点流程

1. 下达盘点任务

信息员吴斌登录物流统合业务系统，在物流统合业务系统界面单击【仓储管理系统】按钮，进入仓储管理系统主功能界面。单击【仓储管理】→【盘点管理】→【盘点任务】→【新增】按钮，进入新增盘点任务界面，选择正确的"库房"和"盘点类型"信息，如图3-15所示。

单击【提交】按钮后，进入如图3-16所示界面。选中新建的盘点任务，并单击下方的【提交处理】按钮，完成新增盘点任务操作。

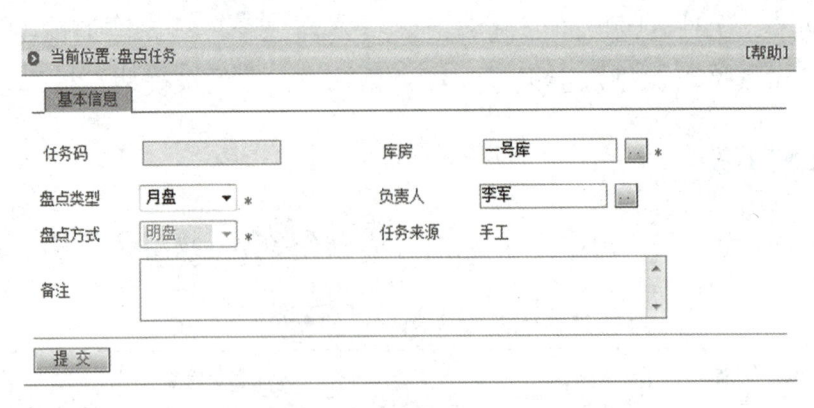

图 3-15　新增盘点任务界面

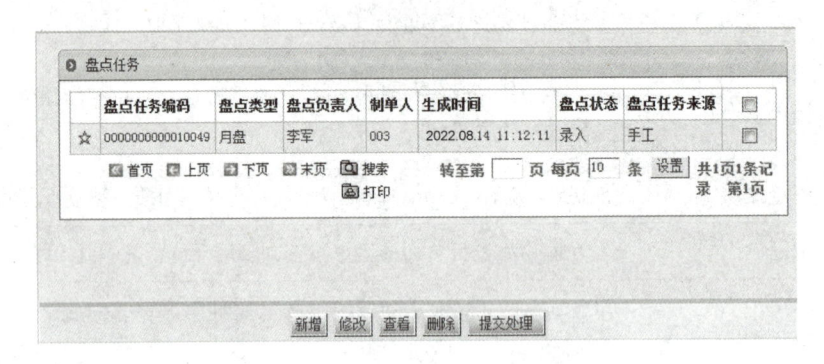

图 3-16　提交盘点任务界面

2. 冻结盘点物品库存

为了在盘点过程中确保数据的准确性，必须先将盘点的物品库存冻结。

信息员吴斌切换到仓储管理系统主功能界面，单击【仓储管理】→【库存冻结】→【新增】按钮，在新增库存冻结界面填写或选择"冻结类型""客户码""库房""货品编码"等信息，如图 3-17 所示。

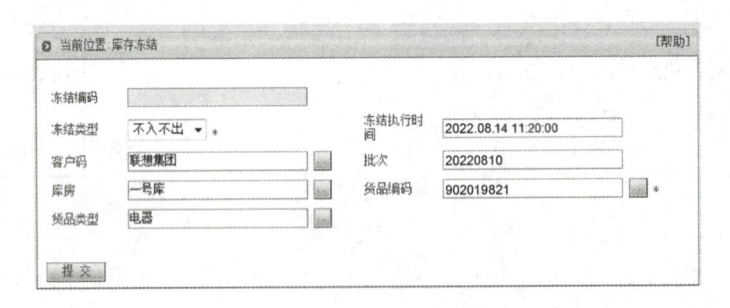

图 3-17　新增库存冻结界面

单击【提交】按钮，进入如图 3-18 所示界面。

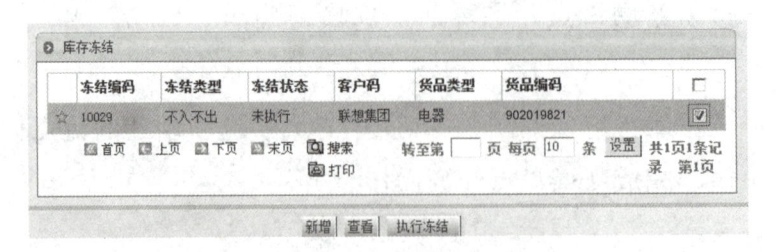

图 3-18　执行库存冻结界面

单击【执行冻结】按钮，完成联想笔记本电脑 V14-IGL 的库存冻结操作。

用同样的方法完成物品编码为 509701009 的海尔对开双门净味超薄冰箱的库存冻结操作。

3. 实物盘点

盘点员张建军手持打印的盘点单到托盘货架区找到对应储位进行实物盘点。每盘点一个储位的物品后，在盘点单的"初盘数量"栏记录实盘数量，并区分正品和次品。盘点单（初盘）如表 3-12 所示。

表 3-12　盘点单（初盘）

盘点日期			2022.08.14		页　数			第 1 页，共 1 页		
序号	储位编码	物品名称	物品编码	规　格	单位	初盘数量		复盘数量		备注
						正品	次品	正品	次品	
1	A00001	—	—							
2	A00002	海尔对开双门净味超薄冰箱	509701009	618L	箱	2	0			
3	A00003	海尔对开双门净味超薄冰箱	509701009	618L	箱	2	0			
4	A00004	海尔对开双门净味超薄冰箱	509701009	618L	箱	1	0			
5	B00001	—	—							
6	B00002	联想笔记本电脑 V14-IGL	902019821	14in	箱	30	0			
7	B00003	联想笔记本电脑 V14-IGL	902019821	14in	箱	30	0			
8	B00004	联想笔记本电脑 V14-IGL	902019821	14in	箱	30	0			
9	B00005	联想笔记本电脑 V14-IGL	902019821	14in	箱	10	0			
10	B00101	联想笔记本电脑 V14-IGL	902019821	14in	箱	20	0			

续表

序号	储位编码	物品名称	物品编码	规格	单位	初盘数量 正品	初盘数量 次品	复盘数量 正品	复盘数量 次品	备注
11	B00102	联想笔记本电脑 V14-IGL	902019821	14in	箱	30	0			
12	B00103	联想笔记本电脑 V14-IGL	902019821	14in	箱	30	0			
13	B00104	联想笔记本电脑 V14-IGL	902019821	14in	箱	30	0			
14	B00105	联想笔记本电脑 V14-IGL	902019821	14in	箱	30	0			
初盘员：张建军						复盘员：				

盘点员张建军进行实物盘点完毕后，"初盘数量"栏也已填写完毕，签字确认后交给盘点员刘海进行复盘。盘点员刘海完成复盘作业并签字确认，签字确认后的盘点单如表 3-13 所示。

表 3-13　盘点单（复盘）

盘点日期	2022.08.14				页数	第1页，共1页				
序号	储位编码	物品名称	物品编码	规格	单位	初盘数量 正品	初盘数量 次品	复盘数量 正品	复盘数量 次品	备注
1	A00001	—	—							
2	A00002	海尔对开双门净味超薄冰箱	509701009	618L	箱	2	0	2	0	
3	A00003	海尔对开双门净味超薄冰箱	509701009	618L	箱	2	0	2	0	

续表

序号	储位编码	物品名称	物品编码	规格	单位	初盘数量 正品	初盘数量 次品	复盘数量 正品	复盘数量 次品	备注
4	A00004	海尔对开双门净味超薄冰箱	509701009	618L	箱	1	0	1	0	
5	B00001	—	—							
6	B00002	联想笔记本电脑 V14-IGL	902019821	14in	箱	30	0	30	0	
7	B00003	联想笔记本电脑 V14-IGL	902019821	14in	箱	30	0	30	0	
8	B00004	联想笔记本电脑 V14-IGL	902019821	14in	箱	30	0	30	0	
9	B00005	联想笔记本电脑 V14-IGL	902019821	14in	箱	10	0	10	0	
10	B00101	联想笔记本电脑 V14-IGL	902019821	14in	箱	20	0	20	0	
11	B00102	联想笔记本电脑 V14-IGL	902019821	14in	箱	30	0	30	0	
12	B00103	联想笔记本电脑 V14-IGL	902019821	14in	箱	30	0	30	0	
13	B00104	联想笔记本电脑 V14-IGL	902019821	14in	箱	30	0	30	0	
14	B00105	联想笔记本电脑 V14-IGL	902019821	14in	箱	30	0	30	0	
初盘员：张建军					复盘员：刘海					

4．盘点反馈

信息员吴斌切换到仓储管理系统主功能界面，单击【仓储管理】→【盘点管理】→【盘点作业】→【反馈】按钮，在进入的盘点反馈界面根据盘点单的实盘数量输入"实际正品量"与"实际次品量"，如图3-19所示。

图 3-19 盘点反馈界面

单击【反馈完成】按钮，系统弹出信息提示，提示本次出现了情况，如图 3-20 所示。

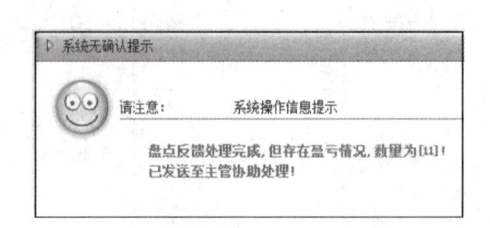

图 3-20 盘点反馈信息提示

5. 打印盘点结果单

信息员吴斌切换到仓储管理系统主功能界面，单击【仓储管理】→【盘点管理】→【盘点结果打印】按钮，进入如图 3-21 所示界面。

步骤三 核对盘点结果与账面数量，进行差异纠因

仓管员李军核对系统账面数量与实盘数量，查找出现误差的原因。

步骤四 盘点结果处理

1. 盘点差异调整

根据系统的盘点结果单进行盘点差异调整。仓库主管王朝辉登录物流统合业务系统，在物流统合业务系统界面单击【仓储管理系统】按钮，进入仓储管理系统主功能界面。单击【仓储管理】→【盘点管理】→【盘点调整】→【调整审核】按钮，进入如图 3-22 所示界面。

盘点结果单

库房名称：一号库　　　　区名称：电器类货架区
盘点类型：月盘　　　　　任务单：0000000000010049　　　盘点日期：2022.08.14

储位编码	货品名称	货品编码	单位	账面数量	实盘数量	盈亏情况
A00001	--	--	--	--	--	--
A00002	海尔对开双门净味超薄冰箱	509701009	箱	2	2	0
A00003	海尔对开双门净味超薄冰箱	509701009	箱	2	2	0
A00004	海尔对开双门净味超薄冰箱	509701009	箱	2	1	-1
B00001	--	--	--	--	--	--
B00002	联想笔记本电脑 V14-IGL	902019821	箱	30	30	0
B00003	联想笔记本电脑 V14-IGL	902019821	箱	30	30	0
B00004	联想笔记本电脑 V14-IGL	902019821	箱	30	30	0
B00005	联想笔记本电脑 V14-IGL	902019821	箱	10	10	0
B00101	联想笔记本电脑 V14-IGL	902019821	箱	30	20	-10
B00102	联想笔记本电脑 V14-IGL	902019821	箱	30	30	0
B00103	联想笔记本电脑 V14-IGL	902019821	箱	30	30	0
B00104	联想笔记本电脑 V14-IGL	902019821	箱	30	30	0
B00105	联想笔记本电脑 V14-IGL	902019821	箱	30	30	0

制单人：吴斌　　　　　　　仓管员（签字）：李军

图 3-21　盘点结果单界面

图 3-22　调整审核界面

根据规定，盘点差异处理办法为根据实盘数量对系统库存进行盈亏调整。因此，选中【盈亏调整：针对盈亏情况进行实际调整】单选按钮，单击【下一步】按钮，进入如图 3-23 所示界面。

图 3-23　盈亏调整界面

在"调整类型"列表框中选择"盈亏"命令，单击【调整确认】按钮，完成盘点差异调整。

2. 库存解冻

当完成盘点任务后，信息员吴斌应对在盘点前进行盘点冻结的物品进行解冻，以便物品的流通。登录物流统合业务系统，在物流统合业务系统界面单击【仓储管理系统】按钮，进入仓储管理系统主功能界面。单击【仓储管理】→【库存冻结】→【库存解冻】

按钮，进入如图 3-24 所示界面。

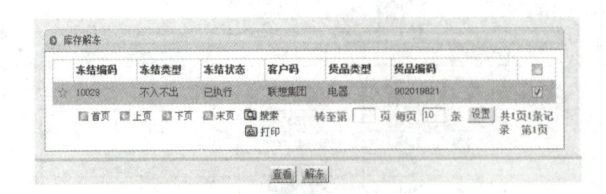

图 3-24 库存解冻界面

选中"货品编码"为"902019821"的记录，单击【解冻】按钮，完成联想笔记本电脑 V14-IGL 的库存解冻操作。

用同样的方法完成物品编码为 509701009 的海尔对开双门净味超薄冰箱的库存解冻操作。

任务评价

内容如表 3-14 和表 3-15 所示。

表 3-14 小组评价表

班　级					
小　组					
任务名称	物品盘点				
评价项目	评价标准	参考分值	评价得分		
			自评	组间互评（平均）	教师评价
任务完成情况及有关内容	按时、操作规范地完成任务	20			
	具有良好的安全作业观念和环保节约意识	15			
	具有良好的团队合作精神和创新精神	15			
小计		50			
合计（自评×20%+互评×40%+教师评×40%）					

表 3-15 小组成员评价表

班　级		小　组		姓　名	
任务名称	物品盘点				
评价项目	评价标准	参考分值	评价得分		
			自评	组内互评（平均）	教师评价
职业素养	参与作业任务的精神面貌	5			
	有良好的职业道德，爱岗敬业、吃苦耐劳，具有工匠精神	10			
	有较强的沟通能力和人际关系协调能力	5			
专业知识和技能	掌握相关的专业基础知识	10			
	在小组作业任务完成中能应用所学相关专业知识，发挥专业技能水平，完成作业任务	20			
小计		50			
合计（自评×20%+互评×40%+教师评×40%）					

注：1. 学生实际得分=小组评价得分+小组成员评价得分。

2. 考评满分为 100 分，59 分及以下为不及格；60～70 分为及格；71～89 分为良好；90 分及以上为优秀。

拓展提升

一、物品盘点的内容

在进行物品盘点时，应从如图 3-25 所示的几方面进行。

图 3-25　物品盘点的内容

二、物品盘点的原则

在进行物品盘点时，应遵循一定的原则，如表 3-16 所示。

表 3-16　物品盘点的原则

序 号	原 则	说　　明
1	真实	要求所盘点的所有点数和资料必须是真实的，不允许作弊或弄虚作假，以掩盖漏洞和失误
2	准确	盘点的过程要求准确无误，资料的输入、物品的核查和盘点的点数，都必须准确
3	完整	所有盘点过程，包括区域规划、盘点的原始资料、盘点点数等，都必须完整，不要遗漏区域和物品
4	清楚	盘点过程属于流水作业，不同的人员负责不同的工作，因此所有资料和人员的书写、物品的整理情况必须清楚，以便盘点顺利进行

三、物品盘点前的准备工作

盘点的基本要求是必须做到快速和准确。为了达到这一基本要求，盘点前的充分准备十分必要。盘点前的准备工作是否充分，直接关系到盘点作业能否顺利进行，甚至关系到盘点是否成功。盘点前准备工作的内容如下。

（1）确定盘点的具体方法和作业程序；

（2）盘点人员的组织与培训；

（3）配合财务会计做好准备；

（4）设计并印制盘点所用表单，如盘点单（见表 3-17）、盘点盈亏表（见表 3-18）等；

表 3-17　盘点单

盘点日期						页　数		第　页,共　页		
序号	储位编码	物品名称	物品编码	规格	单位	初盘数量		复盘数量		备注
						正品	次品	正品	次品	
初盘员:						复盘员:				

表 3-18　盘点盈亏表

制表:						审核:					
序号	盘点票号	物品编码	物品名称	规格	单位	实盘数量	账面数量	差异数量	单价	差异金额	差异原因

（5）清理盘点现场；

（6）准备盘点所用基本工具。

四、盘点差异原因及处理措施

1. 盘点差异原因

盘点会将一段时间以来积累的作业误差，以及其他原因引起的账物不符情况暴露出来，发现账物不符。差异超过允许误差时，应立即追查产生差异的原因。一般而言，产生盘点差异的原因主要有以下几个方面。

（1）仓库工作人员责任心不强，收发货验数不准；

（2）账目本身数据计算错误；

（3）盘点时出现漏盘、重盘、错盘现象，导致盘点结果出现错误；

（4）仓管员不尽责导致物品损坏、丢失等后果；

（5）物品出/入库时未办理手续；

（6）单据未入账；

（7）物品自然损耗或变质损坏等原因造成物品数量的差异。

2. 盘点作业异常处理措施

（1）盘盈

盘盈（实物数量比账面记录的数量多）则检查存货，查明原因，并进行调整或退仓。

（2）盘亏

盘亏（实物数量比账面记录的数量少）则检查存货，查明原因，并进行调整或赔偿。

任务四　物品保管和养护

任务情境

豫舟仓储中心五号库是低温冷库，主要储存对温度有一定要求的各种生鲜物品。仓库主管王朝辉安排仓管员江涛负责对该库储存物品质量进行检查。仓管员江涛对在库物品进行了检查，并重点采取了防霉和防虫等措施。

任务要求

1. 了解影响仓库物品质量变化的因素；
2. 掌握控制与调节仓库温/湿度的方法。

知识准备

一、物品保管和养护的目的及指导思想

物品保管和养护是指在物品储存过程中为了保证物品质量，减少物品损耗，防止物品变质所进行的工作。物品保管和养护的目的，在于保证物品的质量、物品在储存期间的质量安全及物品的使用价值，不使物品发生质量上的降低和数量上的减损。

"以防为主，防治结合"是物品保管和养护工作的指导思想。"防"是主动的，能最大限度地保证物品质量，减少物品的损失。"治"是指物品出现轻微质量问题后及时"救治"，是物品面临更大损失时所采取的挽救措施。"防"和"治"是物品保管和养护不可缺少的两个方面，做好"防"可以减少"治"或者避免"治"，最大限度地减少物品的损失。

二、影响仓库物品质量变化的因素

影响仓库物品质量变化的因素有内因和外因两类。内因是变化的依据，外因是变化的条件。影响仓库物品质量变化的内因主要有物品成分、结构和性质等。影响物品质量变化的外因主要有空气温度和湿度、空气中的臭氧和氧、日光、微生物、仓库害虫、有害气体

和卫生条件等，如表3-19所示。

表3-19 影响仓库物品质量变化的外因

序 号	影响因素	影 响 表 现
1	空气温度	一般物品在常温或常温以下，都比较稳定；高温能够促进物品的挥发、渗漏、融化等物理变化及各种化学变化；而低温又容易引起某些物品的冻结、沉淀等变化；温度忽高忽低会影响到物品质量的稳定性；温度适宜时又会给微生物和仓库害虫的生长繁殖创造有利条件，加速物品腐败变质和虫蛀
2	空气湿度	空气湿度的改变，能引起物品的含水量、化学成分、外形或体态结构等的变化
3	空气中的臭氧和氧	臭氧可以快速、高效、广谱地杀菌，能对物品起到防护和保鲜的作用，但含量过高会对人和物造成危害；氧的化学性质非常活泼，能和许多物品发生反应，对物品质量变化影响很大
4	日光	日光中含有紫外线、红外线等，对物品起着正反两方面的作用：一方面，日光能够加速受潮物品的水分蒸发，杀死/杀伤微生物和物品害虫，在一定程度上有利于物品的保护；另一方面，某些物品在日光的直接照射下又会发生质量变化
5	微生物	微生物是物品霉腐的前提条件。微生物在生命活动过程中会分泌各种酶，利用它把物品中的蛋白质、糖类、脂肪、有机酸等物质分解为简单的物质再加以吸收利用，从而使物品受到破坏、变质，丧失其使用价值。同时，在微生物异化作用中，在细胞内分解氧化营养物质，产生各种腐败性物质排出体外，使物品产生腐臭味和色斑霉点，影响物品的外观
6	仓库害虫	害虫在仓库里蛀蚀动植物性物品和包装，有些害虫还能危害塑料、化纤等化工合成物品。此外，白蚁还会蛀蚀仓库建筑物和纤维质物品。害虫在危害物品过程中，不仅破坏物品的组织结构，使物品发生破碎和孔洞，外观形态受损；而且吐丝结茧，排泄各种代谢废物玷污物品，影响物品的质量和外观
7	有害气体	大气中的有害气体主要来自煤、石油、天然气；煤气等燃料释放出的烟尘和工业生产过程中产生的粉尘、废气。物品储存在有害气体浓度大的空气中，其质量变化明显
8	卫生条件	卫生条件不良，不仅会导致灰尘、油垢、垃圾、腥臭味等污染物品，造成某些物品出现外观疵点和异味，还为微生物、仓库害虫等创造了活动场所

三、有机体物品的生理/生化变化及其他生物引起的变化

物品的生理/生化变化是指有生命活动的有机体物品，在储存过程中，为维持自身的生命活动所进行的一系列变化，如谷物、水果、蔬菜等物品的呼吸、后熟、发芽和抽薹等现象。其他生物引起的变化则是指由微生物、仓库害虫及鼠类等生物所造成的物品质量的变化，如食品的霉腐、虫蛀和鼠咬等，如表3-20所示。

表3-20 有机体物品的生理/生化变化及其他生物引起的变化

序 号	变 化	描 述
1	呼吸	有机体物品在维持生命过程中，由于氧和酶的作用，体内有机物质被分解，并产生热量的一种缓慢的生物氧化过程。呼吸可分为有氧呼吸和无氧呼吸两种类型。不论是有氧呼吸还是无氧呼吸，都要消耗营养物质，降低有机体物品的质量

续表

序 号	变 化	描 述
2	后熟	水果、蔬菜类有机体物品脱离母株后继续成熟的现象。促使这类有机体物品后熟的主要因素是高温和氧，以及某些有催熟作用的刺激性物质（如乙烯、乙醇等）的存在
3	发芽和抽薹	有机体物品在适宜条件下，冲破"休眠"状态，发生的发芽、萌发现象。发芽会使有机体物品的营养物质转化为可溶性物质，供给有机体本身，从而降低有机体物品的质量
4	霉腐	物品在霉腐微生物作用下所发生的霉变和腐败现象
5	虫蛀和鼠咬	物品在储存过程中，经常遭受仓库害虫的蛀蚀或老鼠的咬损，使物品及其包装损坏，甚至完全丧失其使用价值

四、仓库温/湿度的控制与调节方法

为了使仓储物品的质量完好，应创造适宜物品储存的环境，当库内温/湿度不适宜物品储存时，就要及时采取有效措施进行调节。实践证明，密封、通风、吸潮、增湿等是控制与调节库内温/湿度的有效方法，如表3-21所示。

表3-21 仓库温/湿度的控制与调节方法

序 号	方 法	描 述	具体方式
1	密封	尽可能严密地把物品封闭起来，减少外界不良气候对物品的影响，以达到安全储存的目的	采用整库密封、小室密封、按垛密封、货架密封、按件密封等方式
2	通风	根据空气自然流动规律，有计划地组织库内、库外的空气交换，以达到库内温/湿度所要求的范围的保管手段。按目的不同，可将通风分为利用通风降温（升温）和利用通风散潮两种方法	采用自然通风和机械通风两种方式
3	吸潮	利用物理或化学的方法，将库内潮湿空气中的部分水汽除去，以降低空气湿度	采用吸潮剂吸潮和机械吸潮两种方式。仓库中常用的吸潮剂有生石灰、无水氯化钙、木炭、硅胶等；机械吸潮是利用空气吸湿机进行吸潮
4	增湿	一些生鲜物品、鲜活物品及竹木制品等，在仓库相对湿度过小，空气太干燥时，易发生萎蔫或干裂现象，这时就要增大空气湿度	采用自然蒸发加湿（如洒水、湿擦、喷水雾、放置敞口盛水容器等）和加湿器加湿两种方式

任务实施

步骤一 检查在库物品

为了保证仓库储存的物品质量完好、数量准确，必须定期对所保管的物品进行数量、质量、保管条件、安全等方面的动态检查。仓管员江涛每天按规定对所保管物品的安全情况和保管情况、库房的安全情况和整洁情况进行检查。

为了了解和掌握物品在保管过程中的质量变化情况，仓管员江涛重点对以下物品进行了检查。

（1）相对难储存、容易腐烂的水果，如葡萄、草莓等；

（2）已有轻微异状且尚未处理的水果；

（3）储存时间较长的水果；

（4）发生破损或有水渍的包装。

检查完毕后填写仓库日常检查记录表，如表 3-22 所示。

表 3-22　仓库日常检查记录表

序号	检查项目	月　日 星期一	月　日 星期二	月　日 星期三	月　日 星期四	月　日 星期五	月　日 星期六	月　日 星期日
1	库房清洁							
2	作业通道							
3	物品状态							
4	库房温度							
5	相对湿度							
6	库房照明							
7	用具管理							
8	托盘维护							
9	消防通道							
10	消防设备							
11	库房门窗							
12	防盗措施							
13	标志							
14	员工出勤							
15	安全防护							

检查人签字：

当发现物品有异常情况时，要认真填写物品异常情况表，如表 3-23 所示，并及时向仓库主管汇报，进行正确处理，以使物品损失降到最低。

表 3-23　物品异常情况表

时间：　　年　　月　　日

序　号	物品编码	物品名称	异常情况	处理结果
1				
2				
3				
4				
5				
6				

步骤二　测量并控制仓库的温/湿度

仓库内部的温/湿度是影响仓库物品质量变化的主要环境因素。例如，苹果耐低温储藏，冰点一般在-3.4～-2.2℃，多数品种储藏适温在-1～0℃，相对湿度在90%～95%，若苹果失水率在5%以上，品质将会严重下降。为了达到温/湿度的要求，仓管员江涛每天用温/湿度测量仪记录库内、库外的温/湿度，如实填写仓库温/湿度记录表，如表3-24所示。

表 3-24　仓库温/湿度记录表

库号：　　　　　　　　　　　　　　　　　　　　　　　储存物品：

时间	天气	上午			下午			备注
		温度		湿度	调节措施	温度		湿度		调节措施	
		库内	库外	库内	库外		库内	库外	库内	库外		

冬季，北方干燥寒冷，冷库在冷风机的制冷作用下，温度能够控制在要求范围之内，但冷库储藏苹果，相对湿度较低。为了达到湿度要求，仓管员江涛需在地面进行人工洒水或喷水雾加湿。

步骤三　物品霉腐的防治

仓管员江涛检查仓库内的水果是否发生霉烂变质现象，若发生则立即采取措施，进行翻垛挑选，与正常水果进行隔离，并根据霉腐情况和设备条件，采取臭氧灭菌等方式进行处理。

步骤四　防治仓库的虫鼠害

仓管员江涛通过调查发现，仓库内有鼠害。考虑到仓库内储存的是水果等物品，又考虑到仓库作业人员的操作安全，没有采用毒饵诱杀法，而是采用了既安全又卫生的粘鼠胶

法和器械捕鼠法。

步骤五　清扫仓库

每天对仓库地面、货架底部和角落等进行彻底清扫，同时对墙面和屋顶的虫网及灰尘进行全面清扫。

任务评价

内容如表 3-25 和表 3-26 所示。

表 3-25　小组评价表

班　级		小　组		
任务名称	物品保管和养护			
评价项目	评价标准	参考分值	评价得分	
^	^	^	自评	组间互评（平均）	教师评价
任务完成情况及有关内容	按时、操作规范地完成任务	20			
^	具有良好的安全作业观念和环保节约意识	15			
^	具有良好的团队合作精神和创新精神	15			
	小计	50			
合计（自评×20%+互评×40%+教师评×40%）					

表 3-26　小组成员评价表

班　级		小　组		姓　名	
任务名称	物品保管和养护				
评价项目	评价标准	参考分值	自评	组内互评（平均）	教师评价
职业素养	参与作业任务的精神面貌	5			
^	有良好的职业道德，爱岗敬业、吃苦耐劳，具有工匠精神	10			
^	有较强的沟通能力和人际关系协调能力	5			
专业知识和技能	掌握相关的专业基础知识	10			
^	在小组作业任务完成中能应用所学相关专业知识，发挥专业技能水平，完成作业任务	20			
	小计	50			
合计（自评×20%+互评×40%+教师评×40%）					

注：1. 学生实际得分＝小组评价得分+小组成员评价得分。

2. 考评满分为 100 分，59 分及以下为不及格；60～70 分为及格；71～89 分为良好；90 分及以上为优秀。

拓展提升

一、认识温度和湿度

1. 温度

温度是指物质冷热程度。空气温度是指大气冷热程度，简称气温。在仓库日常温度管理中，单位多用摄氏度（℃）表示。

2. 湿度

湿度是指空气中含水分的多少或空气的潮湿程度。空气中的水分含量越高，其湿度越大。空气湿度可用绝对湿度、饱和湿度、相对湿度、露点等表示，如表3-27所示。

表3-27 湿度的几种表示方法

序号	表示方法	概念
1	绝对湿度	单位体积空气中实际所含水分的多少
2	饱和湿度	在一定气温和气压下单位体积空气中所能容纳的水分的最大限度
3	相对湿度	在某一特定气温和气压下空气绝对湿度与饱和湿度的百分比，即相对湿度＝绝对湿度÷饱和湿度×100%
4	露点	空气中所含水分因气温下降达到饱和状态而开始液化成水（结露）时的温度。露点是以温度表示湿度的概念

二、物品保管和养护的基本要求

物品的保管和养护是流通领域各部门不可缺少的重要工作之一，应在此过程中遵循"以防为主，防治结合"的指导思想，达到最大限度地保证物品质量、减小物品损失的目的。具体来讲，应做好以下几方面的工作。

（1）严格验收入库物品；
（2）合理安排储存场所；
（3）妥善进行堆码苫垫；
（4）控制好仓库温/湿度；
（5）认真对物品进行在库检查；
（6）保持好仓库卫生。

三、物品保管和养护的内容

物品在储存过程中，由于各种外界因素的影响，会发生多种质量变化，如霉变、锈蚀、虫蛀、老化等。为了保证物品在储存期间的质量安全，应该进行防护，如表3-28所示。

表 3-28　物品保管和养护的内容

序号	内容	具体措施	描述
1	防霉腐	低温防霉	根据物品的不同性能，控制和调节仓库温度，使物品温度降至霉菌生长繁殖的温度界限以下抑制其生长
		干燥防霉	降低仓库环境中的湿度和物品本身的含水量，使霉菌得不到生长繁殖所需要的水分，达到防霉变的目的
		药剂防霉	把抑制微生物生长的化学药物放在物品或包装内防霉变
		气调防霉	在密封条件下，通过改变空气成分，主要是创造低氧环境，抑制微生物的生命活动，降低生物性物品的呼吸强度
		辐射防腐	通过紫外线、微波、辐射抑制微生物生长和杀灭微生物的方式防腐
2	防锈蚀	塑料防锈	利用塑料对水分及空气中腐蚀性物质的高度隔离性能封存金属制品，防止金属制品在环境因素作用下发生锈蚀
		涂油防锈	在金属表面涂刷一层油脂薄膜，使物品在一定程度上与大气中的氧、水及一些有害气体隔离开来，达到防锈的目的
		气相防锈	一些具有挥发性的化学药品在常温下会迅速挥发出气体物质，这些气体物质吸附在金属表面，可以防止和延缓金属制品被锈蚀
3	防虫蛀	灯光诱集	利用害虫对光的趋向性，在库房内安装诱虫灯，晚上开灯时，使趋光而来的害虫被迫随气流吸入预先安置的毒瓶中，致使其中毒而亡
		高温杀虫	将温度上升至40℃以上，使害虫的活动受到抑制，繁殖率下降，进入热麻痹状态，直至死亡
		低温杀虫	将环境温度下降，使害虫机体的生理活动变得缓慢，进入冷麻痹状态，直至死亡
		电离辐射杀虫	用几种电离辐射源放射出来的射线杀伤害虫或使其不育
		微波杀虫	使害虫体内的水分、脂肪等物质在高频电磁场的微波作用下激烈地振荡，产生大量的热，直至体温升至68℃时死亡
		化学防治	利用化学药剂直接或间接毒杀害虫
4	防老化	妥善包装	包装密闭，使物品与外界隔离，从而减弱空气中的氧和温/湿度对储存物品的不良影响
		合理放置	仓库应清洁、干燥和凉爽，门窗和玻璃涂刷白色以防阳光直射；不与油类、腐蚀性物品或含水量大的物品同库存放；堆码不要过高和过重
		管好温/湿度	依据物品特性，认真调节库内温/湿度，将其稳定地控制在物品要求的范围内

任务五　仓库消防安全

任务情境

2022年11月9日是第31个全国消防日，豫舟物流中心为了增强员工的安全防火意识，加强仓库消防安全管理，开展了一次仓库防火演习。一号库仓管员李军参加了这次防火演习。

任务要求

1. 增强员工的安全防火意识，了解仓库中常见的火灾隐患；
2. 能正确选择和使用消防器材。

知识准备

一、仓库中常见的火灾隐患

火灾隐患是指在生产和生活中有可能直接造成火灾危险，或发生火灾后可能阻碍灭火工作顺利进行等的不安全因素。仓库中常见的火灾隐患如表3-29所示。

表3-29　仓库中常见的火灾隐患

序号	存在方面	火灾隐患
1	电气设备方面	电焊、气焊违章作业，没有消防措施；用电超负荷；违章使用电炉、电烙铁、电热器等；使用不符合规范的熔断器和电线；电线陈旧，绝缘层破裂等
2	储存方面	不分区和分类，将易燃、易爆等危险品存入一般库房；储存场所温/湿度超过物品规定极限；库区的灯距不符合要求；易燃液体挥发和渗漏；可自燃物品堆码过实，通风、散热、散潮不良等
3	机具方面	无防护罩的汽车、叉车、吊车进入库区或库房；使用易产生火花的工具；库内停放、修理汽车；用汽油擦洗零部件；叉车内部皮线破露、油管老化漏油等
4	火源管理方面	外来火源和易燃品因检查不严带入库区；在库区吸烟；在库区擅自使用明火；炉火设置不当或管理不严；易燃物未及时清理等

二、火灾的种类及灭火方法

依据可燃物质的不同，火灾可分为六类。在灭火时，应针对不同种类的火灾采用正确的灭火方法，具体内容如表3-30所示。

表3-30　火灾的种类及灭火方法

序号	种类	可燃物质	正确的灭火方法
1	A类火灾	普通固体可燃物质，如纸类、木材、麻、棉、毛等	水是此类物质最好的灭火剂。此外，还可用泡沫、干粉等灭火器进行灭火
2	B类火灾	易燃液体或液化固体，如油类、溶剂、石油制品和涂料等	通常使用二氧化碳、干粉、泡沫等灭火器进行灭火
3	C类火灾	可燃烧气体，如煤气、天然气和甲烷等	可用二氧化碳、干粉等灭火器进行灭火
4	D类火灾	可燃的活泼金属，如钾、钠、镁和磷等	可用干沙式铸铁粉末，也可用不同的专用灭火剂进行灭火
5	E类火灾	带电物体	可用二氧化碳、干粉等灭火器进行灭火，在电源未切断之前禁止用水灭火
6	F类火灾	烹饪器具内的烹饪物，如动植物油脂等	可用泡沫灭火器进行灭火

三、仓库常用消防灭火剂与器材的使用

仓库常用的消防灭火剂与器材主要有水、沙土、各种类型的灭火器和自动消防设备等。仓管员应根据物品的性质正确使用灭火剂、消防器材和扑救方法，以便有效地防止火灾事故的扩大和蔓延。

1. 水

水是主要的灭火剂。水在灭火时有显著的冷却和窒息作用，能使某些物质的分解反应趋于缓和，并能降低某些爆炸物品的爆炸能力；水柱能冲击并破坏燃烧结构，把火扑灭；水还可以冷却附近的其他易燃物品，防止火势蔓延。

但需要注意的是，电气设备、与水有剧烈反应的化学危险品（如电石、金属钾、保险粉等）、比水轻且不溶于水的易燃液体（如汽油、苯类物品）的火灾均不能用水扑救。

2. 沙土

沙土是一种廉价的灭火物质。沙土能起到窒息作用，覆盖在燃烧物上可隔绝空气，从而使火熄灭；可以扑救酸碱性货物、过氧化剂、遇水燃烧的液体、化学危险品的火灾。但要注意爆炸性物品（如硫酸铵等）不可用沙土扑救，而要用冷却法，即用旧棉被或旧麻袋，用水浸湿覆盖在燃烧物上。

3. 灭火器

灭火器是一种轻便、易用的消防器材。灭火器的种类较多，有泡沫灭火器、二氧化碳灭火器、"1211"灭火器、干粉灭火器等。不同灭火器的用途也有所不同，仓管员在灭火时，应视具体情况正确选用。灭火器的种类及适用范围如表3-31所示。

表3-31 灭火器的种类及适用范围

序号	类别	适用范围	注意事项	图示
1	泡沫灭火器	适宜扑灭汽油、煤油、柴油、香蕉水、松香水等易燃液体引起的火灾	在扑灭带电物体火灾时，应先切断电源。提取灭火器时要注意筒身不宜过度倾斜	
2	二氧化碳灭火器	适宜扑灭电器、精密仪器、电子设备、珍贵文件、小范围的油类等引起的火灾	不宜用于金属钾、钠、镁等引起的火灾	
3	"1211"灭火器	适宜扑灭油类、有机溶剂、精密仪器等引起的火灾	绝缘性能好，灭火时不污损物品，灭火后不留痕迹，并有灭火效率高、速度快等优点	

续表

序 号	类 别	适 用 范 围	注 意 事 项	图 示
4	干粉灭火器	适宜扑灭油类、可燃气体、电气设备等引起的火灾	具有无毒、无腐蚀、灭火速度快等优点	

任务实施

灭火器灭火（以手提式干粉灭火器为例）：

步骤一　右手握着压把，左手托住灭火器底部，轻轻举起灭火器（在地上放置）。

步骤二　将灭火器摇动数次，使瓶内干粉松散。

步骤三　除掉铅封，拔下保险销。

步骤四　右手提着压把，左手握着喷管，在距离火焰约 2m 的地方，对准火焰根部，右手用力压几下压把，左手拿着喷管左右摆动，喷射干粉，使其覆盖整个燃烧区。

步骤五　在灭火过程中，应该始终保持灭火器为直立状态，不得横卧或颠倒使用。

步骤六　彻底清理现场，不留火灾隐患。

消防水带灭火：

步骤一　打开消防柜，取出消防水带，完全展开消防水带（不允许水带扭结），用接头将水带的一端与消防栓连接，将水枪固定在水带的另一端。

步骤二　一人接通消防栓的开关，另一人打开水枪开关，对准火焰灭火。

步骤三　彻底清理现场，不留火灾隐患。

任务评价

内容如表 3-32 和表 3-33 所示。

表 3-32　小组评价表

班　级		小　组		
任务名称	仓库消防安全			
评价项目	评价标准	参考分值	评价得分	
^	^	^	自评	组间互评（平均）	教师评价
任务完成情况及有关内容	按时、操作规范地完成任务	20			
^	具有良好的安全作业观念和环保节约意识	15			
^	具有良好的团队合作精神和创新精神	15			
小计		50			
合计（自评×20%+互评×40%+教师评×40%）				

表 3-33 小组成员评价表

班　级		小　组		姓　名	
任务名称			仓库消防安全		
评价项目	评价标准	参考分值	评价得分		
			自评	组内互评（平均）	教师评价
职业素养	参与作业任务的精神面貌	5			
	有良好的职业道德，爱岗敬业、吃苦耐劳，具有工匠精神	10			
	有较强的沟通能力和人际关系协调能力	5			
专业知识和技能	掌握相关的专业基础知识	10			
	在小组作业任务完成中能应用所学相关专业知识，发挥专业技能水平，完成作业任务	20			
小计		50			
合计（自评×20%+互评×40%+教师评×40%）					

注：1. 学生实际得分＝小组评价得分+小组成员评价得分。
　　2. 考评满分为100分，59分及以下为不及格；60～70分为及格；71～89分为良好；90分及以上为优秀。

拓展提升

一、物品安全管理

1. 一般物品的安全管理

（1）物品储存要分区分类，要求不同类型的物品不能混存。

（2）物品在库储存期间，要保持包装良好，垛位标志清晰，有专人负责。

（3）有保质期的物品应按规定确定储存时间，实行先进先出原则，每季度对该产品状况实施一次检查，以便及时发现变质情况。

（4）库房保管员要对保管物品进行定期检查，用除锈、晾晒、倒垛等方法保养和防护，以防物品变质。

（5）当物品原包装损坏，或原包装不能满足必要的搬运和储存要求时，要重新进行更换。

2. 易燃液体的安全管理

易燃液体在常温下以液体形态存在，极易挥发和燃烧。按闭杯试验闪点可将其分为低闪点液体（闪点小于-18℃，如汽油）、中闪点液体（闪点为-18～23℃，如丙酮）和高闪点液体（闪点为23～61℃，如二甲苯）。易燃液体具有高易燃性、挥发性、爆炸性、流动性及飘浮性、受热膨胀性等特点，保管时应注意以下两方面。

（1）易燃液体在常温下不断挥发出可燃蒸气，其蒸气一般有毒性，有时还有麻醉性，所以在入库时必须严格检查包装是否漏损，在储存期内也应定期检查，如发现问题，应及

时解决。同时，库房必须通风，作业人员应穿戴相应的防护用具，以免发生中毒事件。

（2）易燃液体受热后蒸发出的气体使容器压力增大而膨胀，严重时可使容器破裂，发生爆炸事故，所以不可把容器装得过满；库内和库区周围应严禁烟火，加强通风。

3. 易爆物品的安全管理

易爆物品受到外界影响，如高热、震动、摩擦、撞击或与酸、碱等物质接触时，可能发生剧烈反应，产生大量气体和热量，因巨大压力而爆炸。根据其性质，可将易爆物品分为点火即起爆器材（如点火绳、导爆索、雷管等）、炸药及爆炸性药品（如梯恩梯、硝化甘油炸药、黑火药等）和其他爆炸性物品（如炮弹、枪弹、礼花炮、爆竹等）。易爆物品具有爆炸威力大、起爆能量小、敏感度高等特点，保管时应注意以下几方面。

（1）装卸和搬运易爆物品时，要轻拿轻放，严禁碰撞、拖拉与滚动。作业人员严禁穿有铁钉的鞋，工作服严防静电。

（2）储存易爆物品的仓库必须远离居民区，还应与周围建筑、交通干道、输电线路等保持一定的安全距离。库房一定要远离火源，保持通风干燥；同时还应安装避雷装置，保持适宜的温/湿度。一般情况下，库房温度以15～30℃为宜，易吸湿易爆物品库房的相对湿度不得超过65%。仓库地面应铺垫厚度为20cm左右的木板。

（3）盛放或携带零星易爆物品时，不能用金属容器，要用木、竹、藤制的筐或箱，以免因摩擦而发生爆炸事故。

（4）易爆物品必须单独隔离，限量储存。

（5）仓库内的电气设备应符合安全要求，定期检修，下班断电。

二、库房安全管理

1. 做好安全检查与维护

对于正在使用的库房，要经常检查库房的结构情况，如出现地面裂缝、地基沉陷、结构损坏，以及周围山体滑坡、塌方，或防水/防潮层和排水沟堵塞等情况，应及时维修。高大仓库和重点仓库都要安装避雷装置。

2. 仓库电气设备的安全要求

（1）仓库各种用电系统的设计、用电装置的选择和安装，都必须符合有关技术规范或规程。

（2）要经常检查线路是否有破损、漏电现象，以及电线是否有年久失修现象。

（3）电源开关的安装位置与地面的距离应大于1.5m。灯泡与地面的距离应大于2m，与可燃物的距离应大于0.5m。灯泡正下方不准堆放可燃物。

（4）库内的灯泡严禁用纸、布或其他可燃物遮挡。仓库内可使用功率在60W以下的灯泡，不准使用日光灯及功率在60W以上的灯泡，最好使用防爆灯。

（5）库房内禁止使用电炉等电热器具，不准私拉乱接电话线。

巩固提高

一、判断题（正确的打"√"，错误的打"×"）

1. 富含蛋白质、脂肪、糖类、维生素、水分及无机盐等营养物质的物品最容易被虫蛀、鼠咬而受到破坏。（   ）

2. 为了点货方便，常对仓库中计件的物品采用"五五化"堆码。"五五化"堆码就是将五件物品堆成一垛。（   ）

3. 物品保管和养护工作要做到"以治为主，防治结合"。（   ）

4. 盘点是仓库管理的一项重要日常工作，是保证储存物品达到账、卡、物相符的重要措施之一。（   ）

5. 影响仓库物品质量变化的因素有外因和内因两类。外因是变化的依据，内因是变化的条件。（   ）

6. 物品密封是绝对与外界隔绝的密封，完全隔绝了气候对物品的影响，所以对物品的质量状况可以绝对放心。（   ）

7. 仓库通风的目的是通过通风来调节温度（降温或升温），但不能调节湿度。（   ）

8. 垫垛的目的是使物品免受地坪潮气的侵蚀，使垛底通风透气。（   ）

二、单项选择题

1. （   ）是影响仓库物品质量变化的主要环境因素。

   A. 温度和湿度　　　B. 虫鼠和湿度　　　C. 温度和灰尘　　　D. 虫鼠和灰尘

2. 对进/出频率较高、易损耗或昂贵的物品所用的盘点方法为（   ）。

   A. 日常盘点　　　B. 循环盘点　　　C. 全面盘点　　　D. 重点盘点

3. 物品在堆码时，任意两件相邻的物品之间都留有一定的空隙，这种堆码方法是（   ）。

   A. 直立式堆码　　　B. 衬垫式堆码　　　C. 通风式堆码　　　D. 压缝式堆码

4. 煤炭、矿石、黄沙等散装物品一般采取的堆码类型是（   ）。

   A. 集装箱存放型　　　B. 托盘堆码型　　　C. 散堆型　　　D. 货架堆码型

5. 棒材、中空钢管、圆钢等长条状物品适用于（   ）。

   A. 衬垫式堆码　　　B. 栽柱式堆码　　　C. 通风式堆码　　　D. 直立式堆码

6. 适合小件物品和不宜堆高的物品的堆码类型是（   ）。

   A. 散堆型　　　B. 货架堆码型　　　C. 托盘堆码型　　　D. 堆垛型

7. 对上下两面有大小差别或凹凸的物品，如槽钢、钢轨等，将物品一层仰放，一层俯放，仰俯相向而扣的堆垛方法属于（   ）堆码。

   A. 纵横交错式　　　B. 仰俯相间式　　　C. 压缝式　　　D. 衬垫式

8. 物品苫盖材料一般有铁皮、油毡、席子、塑料、（   ）等。

A. 纱布　　　　　B. 尼龙布　　　　C. 苫布　　　　　D. 棉布

9. 每天或每周按顺序一部分一部分地进行盘点的方法是（　　）。

A. 简要盘点　　　B. 循环盘点　　　C. 定期盘点　　　D. 动态盘点

10. 仓库里的货垛与照明灯之间的距离被称为（　　）。

A. 顶距　　　　　B. 墙距　　　　　C. 垛距　　　　　D. 灯距

11. （　　）是主要的灭火剂。

A. 水　　　　　　B. 沙土　　　　　C. 灭火器　　　　D. 自动消防设备

三、多项选择题

1. 阴雨天气或雨季，库内、库外湿度都比较大，在库房密封条件下可利用（　　）或（　　）来降低库内的湿度。

A. 空气吸湿机　　B. 通风　　　　　C. 吸潮剂　　　　D. 苫盖

E. 垫垛

2. 物品堆码的基本类型有（　　）。

A. 散堆型　　　　B. 货架堆码型　　C. 托盘堆码型　　D. 堆垛型

E. 直立型

3. 物品堆码的要求有（　　）。

A. 合理　　　　　B. 牢固　　　　　C. 整齐　　　　　D. 定量

E. 节约

4. 仓库中常用的吸潮剂有（　　）。

A. 纯碱　　　　　B. 硫黄　　　　　C. 硅胶　　　　　D. 生石灰

E. 氯化钙

5. 出现盘点差异时，仓管员追查产生差异的原因时可以（　　）。

A. 检查盘点记录　　　　　　　B. 检查计量用具　　　　　C. 询问盘点人员

D. 复核库存账目　　　　　　　E. 清扫仓库

四、思考题

1. 谈谈物品堆码的要求。

2. 仓库温/湿度的控制与调节方法有哪些？

五、技能训练题

1. 请你运用所学的堆码方法，利用实训中心的模拟物品进行物品堆码的实际操作练习。

2. 请你运用所学的苫垫操作方法，利用实训中心的模拟物品和苫垫材料进行物品的苫垫操作练习。

项目四

物品出库作业

项目目标

1. 掌握物品出库作业中相关的专业基础知识（理论、概念等内容），能熟练操作管理系统。

2. 了解物流（配送）中心的订单处理流程，能对订单进行分类处理。

3. 了解常用的拣选方式，能根据拣货单的情况采用合理的方式进行出库物品的拣选。

4. 能按照拣货的要求进行合理补货。

5. 能按照出库作业流程进行复核、合流、点货上车。

6. 能根据物品的特点，对出库物品进行简单的加工包装。

7. 培养学生具有良好的职业道德和工匠精神，具有安全作业观念、环保节约意识及创新精神。

任务一　订单处理

任务情境

2022年8月8日，豫舟百货中原店向公司总部提出了一批商品的要货订单。

2022年8月10日，豫舟物流中心接到公司总部传送来的要货订单和出库通知单，需于2022年8月10日13:00将30箱康师傅矿物质水出库。豫舟物流中心信息部主管张凯要求信息员吴斌根据门店的要求完成此批物品的出库订单处理操作。

任务要求

1. 能描述订单处理的流程；
2. 了解不同类型的订单及处理方式，能对订单内容进行正确审核；
3. 能熟练操作订单管理系统；
4. 会生成、打印拣货单等单证。

知识准备

一、订单处理概述

1. 订单处理的含义

以城市连锁经营企业为例，订单处理是指从接到公司连锁门店（客户）要货订单开始，一直到开始拣选物品的所有单据处理活动。物品出库配送是从订单处理开始的，订单处理作业的质量影响着后续作业能否顺利进行。因此，订单处理作业要做到迅速、准确和服务周到。

2. 连锁门店（客户）要货订单生成及订单处理过程

（1）各连锁门店（客户）根据自己的实际物品需求生成要货订单，并向公司总部提出要货申请。

（2）公司总部接收和汇总一段时间内连锁门店（客户）的要货订单并分类处理。对于要货量大的订单，由供应商直接提供配送服务，称为直送订单；对于要货量小的订单，由公司物流（配送）中心提供配送服务，称为配送订单。

（3）公司总部把由物流（配送）中心提供配送服务的要货订单和出库通知单通过总部信息中枢传送给物流（配送）中心的仓储管理系统。

（4）物流（配送）中心在仓储管理系统中接收到出库通知单后，将出库量与库存量进行查询比对。

查询比对后，生成的有关单证如下。

当该拣货位存量大于要货数量（拣取量）时，按量生成出库单；

当该拣货位存量小于要货数量（拣取量）时，先生成该物品的补货单，再生成出库单，即先完成此拣货位上的补货作业，再完成拣货作业；

当该物品储位与拣货位的总库存量小于要货数量（拣取量）时，生成该物品的缺货资料。

二、订单处理的流程

以城市连锁经营企业为例，要货订单生成和订单处理主要包括生成要货订单、公司总部接收和汇总要货订单并分类处理、要货订单和出库通知单传送、库存查询比对、单证生成等环节。整体订单处理流程如图4-1所示。

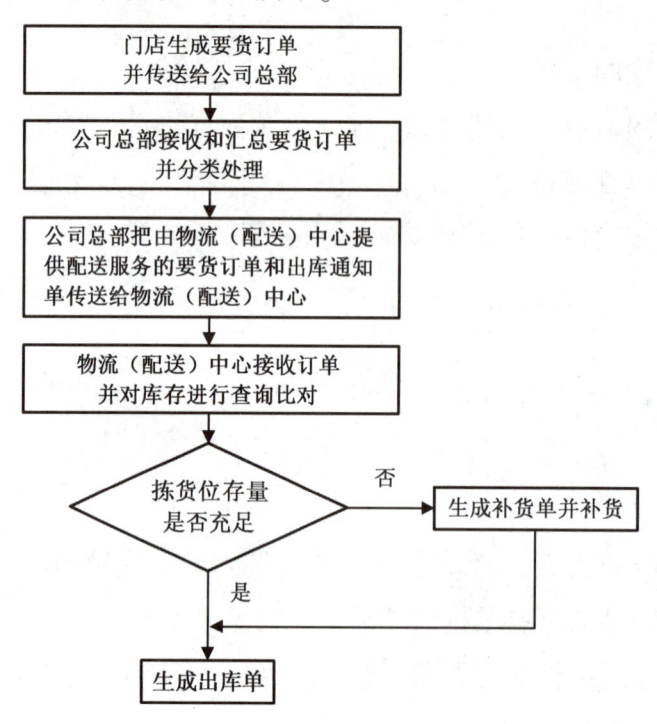

图 4-1 整体订单处理流程

任务实施

步骤一　生成要货订单

2022年8月8日，豫舟百货中原店根据门店商品销售情况，经门店业务主管周伟签字后，信息员李丹向公司总部提出了一批商品的要货订单，其中康师傅矿物质水的要货订单信息如表4-1所示。

表 4-1　要货订单

要货单位名称	豫舟百货中原店		
要货单位联系人	李丹	要货联系电话	0371-****
要货物品	康师傅矿物质水	要货数量	30箱
业务受理人签字/日期	李丹/2022.08.08	业务主管签字/日期	周伟/2022.08.08

步骤二　接收、汇总、分类处理订单及传送订单

公司总部接到中原店等门店的要货订单后，对要货订单进行汇总、分类处理。根据要货量把康师傅矿物质水的要货订单划定为配送订单，并把要货订单连同生成的出库通知单（见表4-2）传送给豫舟物流中心。

表4-2　出库通知单

序号	货品名称	数量	单位	重量（kg）	体积（m³）	到货日期
1	康师傅矿物质水	30	箱	15	0.9	2022.08.10
收货单位	豫舟百货中原店					
收货地址	郑州市棉纺路1号					
联系人	李丹					
电话	0371-6743 ****					
	—					

步骤三　库存查询比对及单证录入

豫舟物流中心信息员吴斌接收到康师傅矿物质水的出库通知单后，对库存进行查询比对，发现康师傅矿物质水的库存数量充足，于是生成出库单。

他登录物流统合业务系统，在物流统合业务系统界面单击【订单管理系统】按钮，进入订单管理系统主功能界面。单击【订单管理】→【订单录入】→【出库订单】按钮，进入新增出库订单界面，如图4-2所示。

图4-2　新增出库订单界面

单击【新增】按钮，进入出库订单维护界面，分别录入"订单信息""订单出库信息"及"订单货品"相关信息（见图4-3～图4-5），单击【保存订单】按钮。

图4-3　订单信息

图 4-4　订单出库信息

图 4-5　订单货品

步骤四　生成出库作业计划

选中新增的订单，单击【生成作业计划】按钮，在弹出的界面中，检查信息输入无误后，单击【确认生成】按钮，如图 4-6 所示，生成出库订单作业计划操作完毕。。

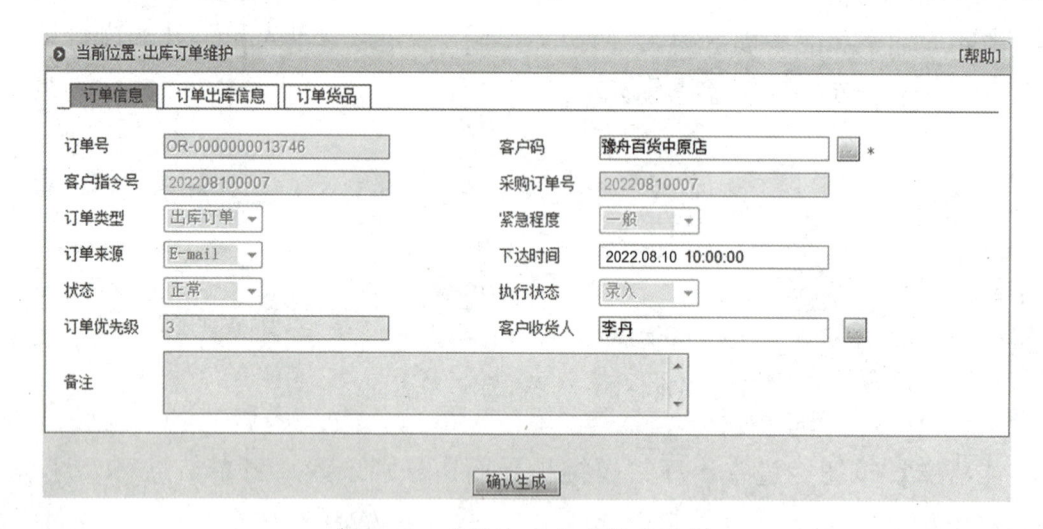

图 4-6　确认生成出库作业计划

步骤五　打印出库单

切换到仓储管理系统主功能界面。单击【仓储管理】→【出库作业】→【出库预处理】按钮，进入管理出库作业界面。选中刚才的订单，选择"其他操作"列表框中的"打印"命令，在弹出的"打印"对话框中选中【出库单】单选按钮，单击【打印】按钮，如图 4-7 所示。

项目四 物品出库作业

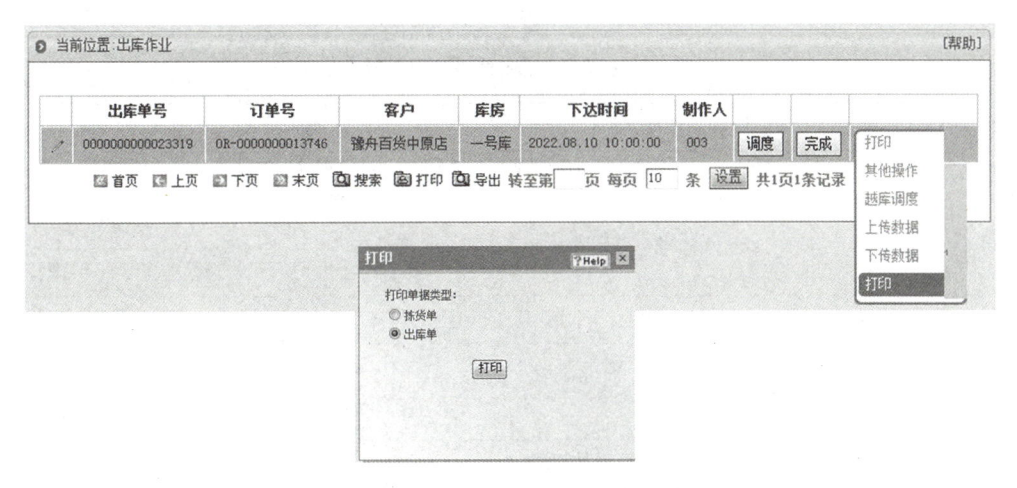

图 4-7 打印出库单

打印出的纸质出库单如图 4-8 所示。

出 库 单

作业计划单号：00000000023296

豫舟物流中心一号库　　　　　　　　　　　　　　应收数量：30　实收数量：

客户名称：豫舟百货中原店　　客户编号：G015120　　客户指令号：202208100007　　日期：2022.08.10

货品名称	条码	规格	单位	应发数量	实发数量	货位号	批次	备注
康师傅矿物质水	6921317905038	480mm×320mm×200mm	箱	30			20220810	

仓管员（签字）：_____　　　　　　　　　　　收货人（签字）：_____

图 4-8 纸质出库单

至此，出库订单处理操作完成。

任务评价

内容如表 4-3 和表 4-4 所示。

表 4-3　小组评价表

班　级		小　组			
任务名称		订单处理			
评价项目	评价标准	参考分值	评价得分		
			自评	组间互评（平均）	教师评价
任务完成情况及有关内容	按时、操作规范地完成任务	20			
	具有良好的安全作业观念和环保节约意识	15			
	具有良好的团队合作精神和创新精神	15			
小计		50			
合计（自评×20%+互评×40%+教师评×40%）					

117

表 4-4　小组成员评价表

班　级		小　　组		姓　名	
任务名称			订单处理		
评价项目	评价标准	参考分值	评价得分		
			自评	组内互评（平均）	教师评价
职业素养	参与作业任务的精神面貌	5			
	有良好的职业道德、爱岗敬业、吃苦耐劳，具有工匠精神	10			
	有较强的沟通能力和人际关系协调能力	5			
专业知识和技能	掌握相关的专业基础知识	10			
	在小组作业任务完成中能应用所学相关专业知识，发挥专业技能水平，完成作业任务	20			
小计		50			
合计（自评×20%+互评×40%+教师评×40%）					

注：1. 学生实际得分=小组评价得分+小组成员评价得分。

2. 考评满分为 100 分，59 分及以下为不及格；60～70 分为及格；71～89 分为良好；90 分及以上为优秀。

拓展提升

一、订单的类型及处理方式

物流（配送）中心在客户订货过程中会接收不同的订单，这些订单按交易形态不同主要分为一般的交易订单、现销式交易订单、间接式交易订单、合约式交易订单、寄库式交易订单等。物流（配送）中心针对不同类型的订单有不同的处理方法，如表 4-5 所示。

表 4-5　订单的类型及处理方式

序　号	订单类型	含　义	处理方式
1	一般的交易订单	接单后按正常作业程序备货、拣货、出库配送的订单	接到此类订单后，按正常的订单处理程序予以处理
2	现销式交易订单	当场交易、直接给货的订单	在输入资料前已把物品交给客户，故此类订单不再参与配送作业环节，只需记录交易资料即可
3	间接式交易订单	客户向物流（配送）中心订货，直接由供应商配送给客户的交易订单	接到间接式交易订单后，可将客户的出货资料传给供应商由其代为配送
4	合约式交易订单	与客户签订配送契约的交易订单	对待此类订单，应在约定的送货时间将配送资料输入系统处理，以便出库配送
5	寄库式交易订单	客户因促销、降价等市场因素先行订购一定数量的物品并寄存在物流（配送中心）的仓库，随后视需要要求出货的交易订单	处理此类订单时，应检查客户是否有此项寄库的物品。若有，则出此项物品；否则，应加以拒绝

二、订单内容的审核

对于一般的物流（配送）中心，为了确保出库配送作业的准确性和有效性，接到订单后要对订单内容进行审核。

1. 物品名称、数量及日期

信息部接单以后，首先确认物品名称、数量及日期，即检查物品名称、数量、送货日期是否有遗漏、笔误或不符合公司要求的情形，尤其是送货时间有问题或已延迟时，更需与客户再次确认订单内容或更改配送时间。

2. 客户信用

检查客户的财务状况，确定其是否有能力支付该订单的账款。通常的做法是检查客户的应付账款是否已超过其信用额度。若客户类型为内部客户（如连锁门店），则不受信用额度限制，其订单均有效。

3. 订单类型

确认订单属于哪种类型。

4. 订货价格

对于不同的客户（批发商、零售商）和不同的订购批量，可能对应不同的售价，录入价格时，系统应加以审核；若录入的价格不符（录入错误或业务员降价接单等），系统应加以锁定，以便主管审核。

5. 加工包装

确认客户订购的物品是否有特殊的包装、分装或贴标等要求，有关赠品是否有包装等要求。

任务二　拣选

任务情境

2022年11月18日，豫舟物流中心接到了由公司总部传送来的豫舟百货中原店的出库通知单，订单货品信息如图4-9所示。信息员吴斌对该订单进行处理后生成拣货单。仓管员吴江收到拣货单后，安排拣货员王强进行人工拣货。仓库货架分布及有关物品存放信息如图4-10所示。

图 4-9 订单货品信息

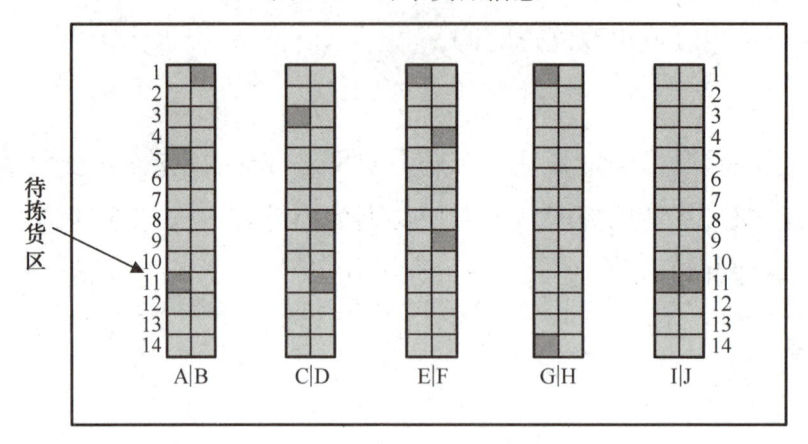

图 4-10 仓库货架分布及有关物品存放信息

任务要求

1. 能根据拣货单的具体情况合理选择拣选方式和拣货路径，并完成拣货作业；
2. 会运用电子标签拣选系统拣货。

知识准备

一、拣选作业概述

1. 拣选的含义

拣选就是按订单或出库单的要求，从拣货区域或储存场所拣出物品，并码放在指定场所的作业。拣选作业的目的是准确、快速地将客户所订购的物品集中起来，为出库配送做准备。

拣选成本是物流仓储成本的主要组成部分，拣选作业是物流作业中最耗劳动力的过程之一，作业时间在物流活动中占很大比例，提高拣选作业效率对提高物流作业效率至关重要。因此，拣选作业是物流（配送）中心作业的核心环节。

2. 拣选作业的一般流程

拣货员领取拣货单后，按照拣货信息（如物品名称、条码、规格、拣货量、拣货位等），依出货方式选择合适的拣选方式，整箱（整托）或拆零拣取相应物品，然后将物品

分类集中。因此，拣选作业的一般流程如图4-11所示。

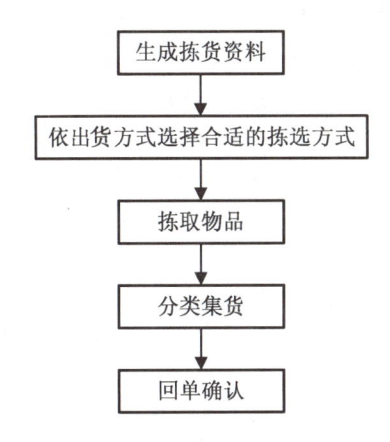

图 4-11 拣选作业的一般流程

二、常用的拣选方式

按照拣选作业自动化程度的不同，可将拣选方式分为人工拣选方式、计算机辅助拣选方式和自动拣选方式三种类型。这里主要介绍目前应用得比较广泛的人工拣选方式和计算机辅助拣选方式。

（一）人工拣选方式

拣选作业主要由人工进行，适用于数量少、品种多、重量轻的单件小物品的拣选作业，分为人工摘取式拣选和人工播种式拣选两种。

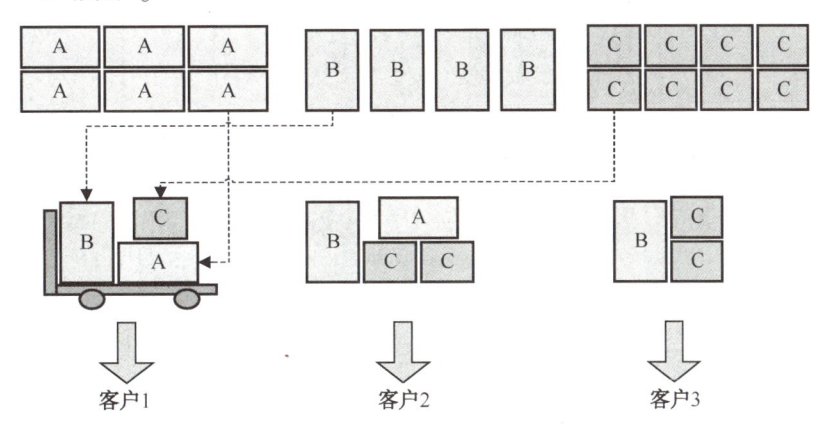

1. 人工摘取式拣选

（1）人工摘取式拣选作业原理。人工摘取式拣选是针对每张订单，由拣货人员根据拣货单上的物品信息到相应的拣货区域或储存场所将物品逐一挑出并集中的过程。这种方式类似于人们在果园里摘果，所以人们形象地把这种方式称为人工摘取式拣选方式。人工摘取式拣选的主要特点是以订单为单位，一次拣选一张订单上的物品，即"一单一拣"。作业原理如图4-12所示。

图 4-12 人工摘取式拣选作业原理

（2）人工摘取式拣选作业流程。人工摘取式拣选作业流程如图4-13所示。

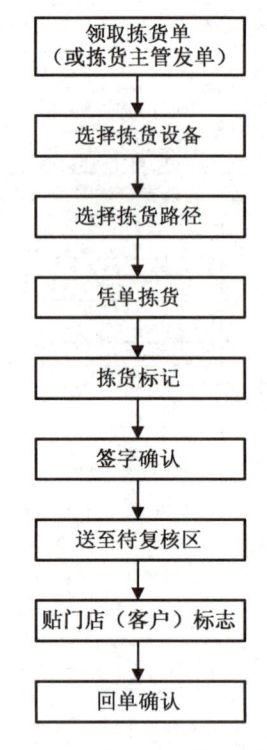

```
领取拣货单
(或拣货主管发单)
      ↓
   选择拣货设备
      ↓
   选择拣货路径
      ↓
     凭单拣货
      ↓
     拣货标记
      ↓
     签字确认
      ↓
   送至待复核区
      ↓
  贴门店(客户)标志
      ↓
     回单确认
```

图 4-13 人工摘取式拣选作业流程

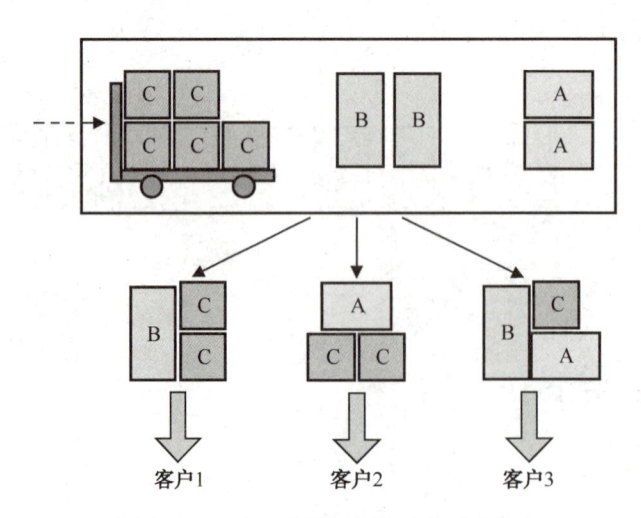

2. 人工播种式拣选

（1）人工播种式拣选作业原理。人工播种式拣选是把一段时间内的多张订单依照物品种类将物品数量汇总，然后按汇总数量生成拣货单并进行不同种类物品的拣选，再根据每张客户订单进行分货处理的过程。这种方式类似于一个播种者，一次取出一片地所需的种子，在地里边巡回边播撒，所以人们形象地把这种方式称为人工播种式拣选方式。人工播种式拣选的主要特点是以物品为单位，汇总某段时间内各类物品的数量，分别进行拣选。作业原理如图 4-14 所示。

图 4-14 人工播种式拣选作业原理

（2）人工播种式拣选作业流程。人工播种式拣选作业流程如图 4-15 所示。

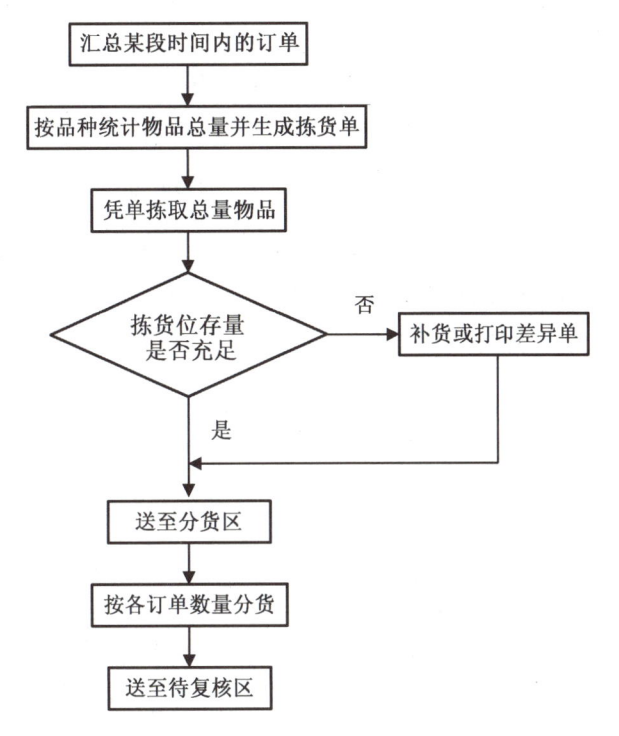

```
        ┌─────────────────────┐
        │  汇总某段时间内的订单  │
        └──────────┬──────────┘
                   ↓
        ┌─────────────────────────┐
        │ 按品种统计物品总量并生成拣货单 │
        └──────────┬──────────────┘
                   ↓
        ┌─────────────────────┐
        │    凭单拣取总量物品    │
        └──────────┬──────────┘
                   ↓
              ╱ 拣货位存量 ╲        否    ┌─────────────────┐
             ╱  是否充足   ╲──────────→│  补货或打印差异单  │
              ╲           ╱            └────────┬────────┘
                   │是                          │
                   ↓←───────────────────────────┘
        ┌─────────────────────┐
        │      送至分货区      │
        └──────────┬──────────┘
                   ↓
        ┌─────────────────────┐
        │    按各订单数量分货   │
        └──────────┬──────────┘
                   ↓
        ┌─────────────────────┐
        │      送至待复核区     │
        └─────────────────────┘
```

图 4-15　人工播种式拣选作业流程

3. 人工摘取式拣选与人工播种式拣选的比较

人工摘取式拣选与人工播种式拣选的优缺点和适用范围的比较如表 4-6 所示。

表 4-6　人工摘取式拣选与人工播种式拣选的优缺点和适用范围的比较

比较内容	拣选方式	
	人工摘取式拣选	人工播种式拣选
优点	可按照客户要求的时间确定配货的先后顺序；拣选作业方法简单，接到订单可立即拣货，作业前置时间短；拣货人员责任明确，易于评估；各客户的拣选不会互相牵制，可以根据客户的要求调整拣选的先后顺序，集中力量优先完成某个客户的配货任务；完成一个拣货单的拣选，一个客户的物品便配齐，可以不再落地，直接装车送货	在订单数量庞大时，可以缩短拣选物品时行走搬运的距离，增加单位时间的拣选数量，提高拣选的工作效率
缺点	拣货区域较大时，搬运困难；物品品种较多时，拣货行走路径较长，拣取效率较低	由于订单累积到一定数量才能进行统一处理，因此订单处理有一定的延迟；订单分批处理流程复杂，计划性要求高
适用范围	客户之间的需求差异较大，每个客户需要的物品品种较多、数量较少；单品种订货数量较多；储存的物品不易移动，如物品体积较大；不能建立相对稳定的客户分货货位；客户配送时间要求不一	客户稳定，且客户数量较多；各客户之间的需求具有很强的共性，差异较小，而客户需要的物品种类较少且需求量不大；所有物品分放完毕后，需要对每个客户的物品进行统计，因此适用于客户需求种类有限、易于统计和不至于分货时间太长的情况；客户配送时间没有严格限制或其他情况

(二) 计算机辅助拣选方式

人工拣选作业（尤其是拆零拣选）无论是人工成本还是作业时间，在整个物流活动过程中都占有很高的比重，是物流（配送）中心作业中最繁重、最易出差错的工作之一。目前，随着科学技术的发展和计算机的普遍应用，出现了很多计算机辅助拣选方式。其中，电子标签拣选系统是最常用的计算机辅助拣选系统之一。电子标签拣选系统分为摘取式的 DPS（Digital Picking System）拣选和播种式的 DAS（Digital Assorting System）拣选两种［具体内容见拓展提升部分的"计算机辅助拣选系统及应用"］。

任务实施

步骤一　生成拣货资料

信息员吴斌登录物流统合业务系统，在物流统合业务系统界面单击【仓储管理系统】按钮，进入仓储管理系统主功能界面。单击【仓储管理】→【出库作业】→【出库预处理】按钮，进入管理出库作业界面。选中刚才的订单，单击其后的【调度】按钮，就可以根据库存数量分配要拣选的储位，输入拣选数量后，单击【拣货】按钮确认，如图 4-16 所示。

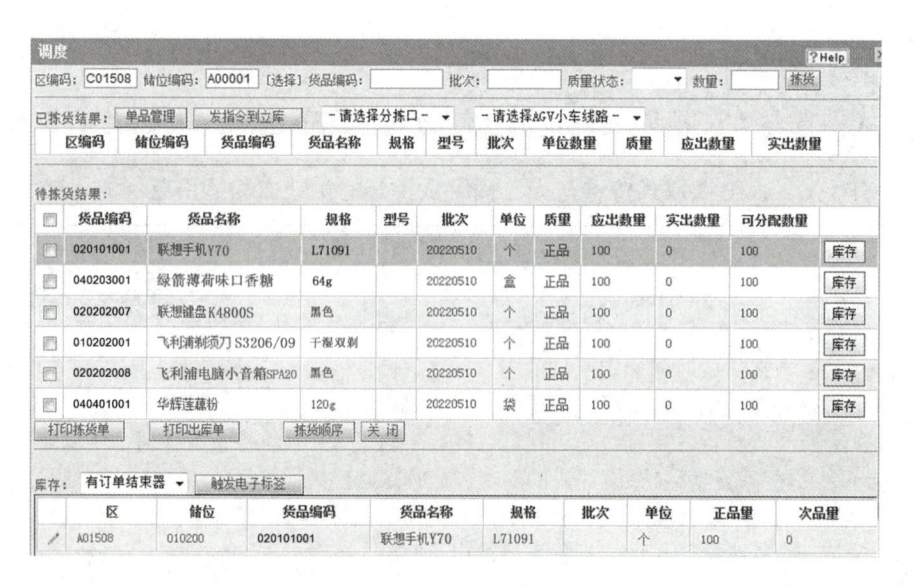

图 4-16　生成拣货资料

所有物品在系统中拣选结束后，单击【打印拣货单】按钮，打印拣货单，如图 4-17 所示。信息员吴斌将打印好的拣货单交给仓管员吴江，吴江安排拣货员王强进行拣货作业。

步骤二　领取拣货单，确定拣货方式

拣货员王强领取拣货单后，考虑到本次的订单较少，每张订单上要拣选的物品数量也比较少，决定采用人工摘取式拣选方式进行拣货。

步骤三　确定拣货设备和拣货路径

本次拣货物品的单位是盒、袋、个等，属于拆零拣货，所以需要的拣货设备有手动液压叉车、托盘、纸箱等。

项目四　物品出库作业

拣货单

操作编码：000000000046587

作业单号	000000000023321		库房	二号库			
货品明细							
位置	货品编码	货品名称	规格	批次	应拣	实拣	单位	备注
A01508-010200	020101001	联想手机Y70	L71091	20220510	100		个	
A01508-010300	040203001	绿箭薄荷味口香糖	64g	20220510	100		盒	
A01508-010400	020202007	联想键盘K4800S	黑色	20220510	100		个	
A01508-020000	010202001	飞利浦剃须刀S3206/09	干湿双剃	20220510	100		个	
A01508-020100	020202008	飞利浦电脑小音箱SPA20	黑色	20220510	100		个	
A01508-020200	040401001	华辉莲藕粉	120g	20220510	100		袋	

制单人：吴斌　　　　　　　　　　　　　　　　　拣货人：

图 4-17　拣货单

根据公司仓库货架分布、储位编码及本次要拣选物品的位置比较分散的特点，拣货员王强决定采用比较简单的顺序穿越式拣货路径，如图 4-18 所示。

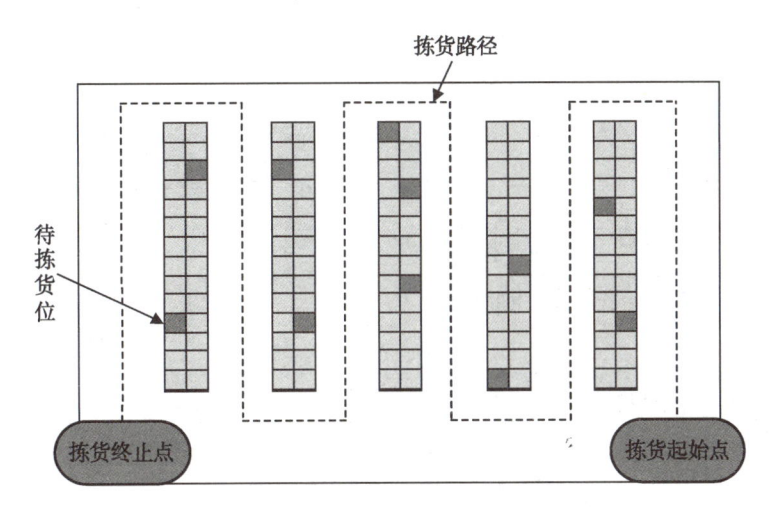

图 4-18　顺序穿越式拣货路径

步骤四　根据拣货单拣货及签字确认

拣货员王强根据拣货单信息、确定好的拣货路径及拣货方式，对拣货单上的物品进行拣取（见图 4-19），并在拣货单的"实拣"栏里填写实际拣货数量或进行标记。拣货完成后，在拣货人处签名确认，如图 4-20 所示。

图 4-19　根据拣货单拣货

拣货单

操作编码：000000000046587

作业单号	000000000023321		库房	二号库			
货品明细							
位置	货品编码	货品名称	规格	批次	应拣	实拣	单位	备注
A01508-010200	020101001	联想手机Y70	L71091	20220510	100		个	
A01508-010300	040203001	绿箭薄荷味口香糖	64g	20220510	100		盒	
A01508-010400	020202007	联想键盘K4800S	黑色	20220510	100		个	
A01508-020000	010202001	飞利浦剃须刀S3206/09	干湿双剃	20220510	100		个	
A01508-020100	020202008	飞利浦电脑小音箱SPA20	黑色	20220510	100		个	
A01508-020200	040401001	华辉莲藕粉	120g	20220510	100		袋	

制单人：吴斌　　　　　　　　　　　　　　　　　拣货人：王强

图 4-20　填写实际拣货数量并签名确认

步骤五　将拣选物品运至待复核区

拣货员王强拣货完成后,将拣出的物品送至待复核区,并在物品外包装上贴上门店(客户)标志,等待物品复核出库。

步骤六　回单确认

拣货员王强拣货完成后,将标记好并签字的拣货单一联交给仓管员吴江,以此作为复核凭证;将另一联交给豫舟物流中心的信息部,由信息员吴斌登记确认。

任务评价

内容如表 4-7 和表 4-8 所示。

表 4-7　小组评价表

班　级		小　组			
任务名称	拣选				
评价项目	评价标准	参考分值	评价得分		
			自评	组间互评(平均)	教师评价
任务完成情况及有关内容	按时、操作规范地完成任务	20			
	具有良好的安全作业观念和环保节约意识	15			
	具有良好的团队合作精神和创新精神	15			
小计		50			
合计(自评×20%+互评×40%+教师评×40%)					

表 4-8　小组成员评价表

班　级		小　组		姓　名		
任务名称	拣选					
评价项目	评价标准	参考分值	评价得分			
			自评	组内互评(平均)	教师评价	
职业素养	参与作业任务的精神面貌	5				
	有良好的职业道德,爱岗敬业、吃苦耐劳,具有工匠精神	10				
	有较强的沟通能力和人际关系协调能力	5				
专业知识和技能	掌握相关的专业基础知识	10				
	在小组作业任务完成中能应用所学相关专业知识,发挥专业技能水平,完成作业任务	20				
小计		50				
合计(自评×20%+互评×40%+教师评×40%)						

注:1. 学生实际得分=小组评价得分+小组成员评价得分。
　　2. 考评满分为 100 分,59 分及以下为不及格;60～70 分为及格;71～89 分为良好;90 分及以上为优秀。

拓展提升

一、拣货路径的类型

相关的仓储调研统计报告显示，减少拣货员的行走时间对于提高分拣效率和降低仓库运作成本具有重要意义。拣货员的行走时间与很多因素有关，其中，合理安排拣货路径是一项有效措施。

单区仓库分拣作业常见的拣货路径主要包括顺序穿越式拣货路径、回转式拣货路径、中点回转式拣货路径和分割回转式拣货路径。

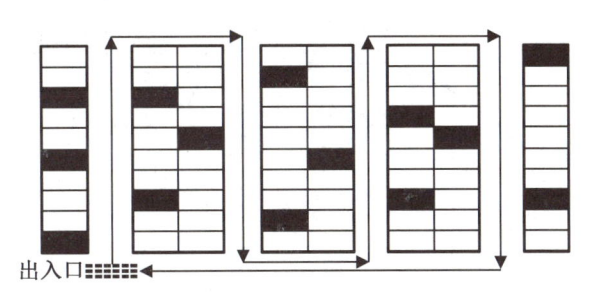

1. 顺序穿越式拣货路径

顺序穿越式拣货路径是指按物品所在货位号的大小从储存区域的入口顺序确定拣货路径，是一种较为常见的拣货路径。当采用顺序穿越式拣货路径时，拣货员从通道一端进入，同时拣取通道两侧货架上的物品，最后从通道另一端离开，这样走完全程就可以一次性地把所有物品拣出。按这种拣货路径拣货的优点是缩短拣货员的拣货时间和拣货路程，减少疲劳，降低拣货误差，提高拣货效率，如图4-21所示。由于拣货时行走路径近似"S"形，所以又称"S"形路径。顺序穿越式拣货路径简单易行，很多仓库都在使用，尤其适合拣货密度大的情况。

图4-21 顺序穿越式拣货路径

2. 回转式拣货路径

回转式拣货路径是指拣货员从分拣通道的一端进入，先沿路拣取一侧货架上所需的物品，一侧货架上的物品拣取完，就开始拣取另一侧货架上的物品，最后从进入通道的一端离开，如图4-22所示。拣货员只需要进入有拣取物品的通道，其他通道可以跳过。

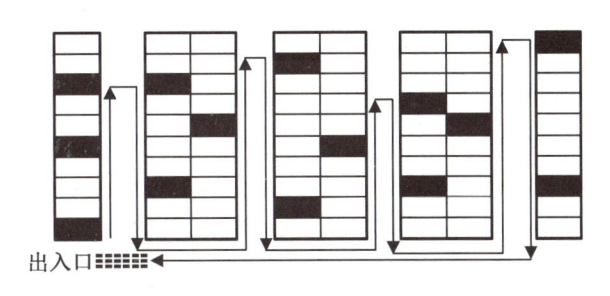

图4-22 回转式拣货路径

3. 中点回转式拣货路径

中点回转式拣货路径是指从拣货通道的中点处将分拣区域分成前后两部分，如图4-23所示。拣货员从通道的一端进入，拣取完物品后回转折返，最远处就是该通道的中点，当拣货员离开拣货区域的前半部分时，要从最右边的通道穿越进入通道后半部分，以同样的方法开始后半部分的拣货。当后半部分的拣货完成后，穿越最左边的通道回到出入口。这里不但采用了回转式路径，而且在进入和退出后半部分通道时采取了穿越式路径。

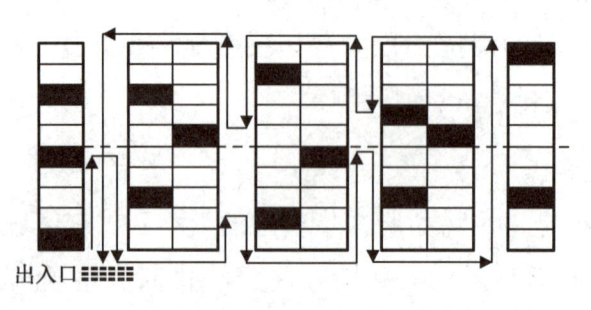

图4-23 中点回转式拣货路径

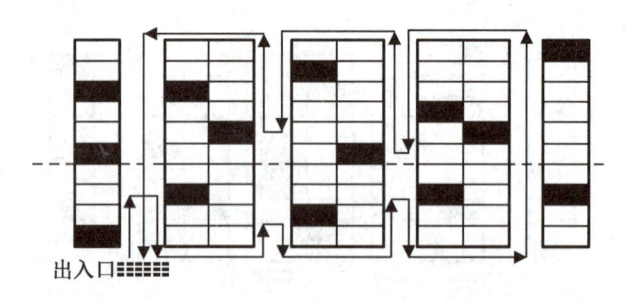

4. 分割回转式拣货路径

分割回转式拣货路径是指先将整个拣货区域分割为前后两个部分，但分割点不一定以中心点为界，如图4-24所示。

图4-24 分割回转式拣货路径

从分割回转式拣货路径的行走规则可以看出，除了最左边的通道和最右边的通道必须穿越之外，其他通道内的行走规则类似于回转式拣货路径。要缩短拣货行走距离，应该使被拣物品与通道两端的距离尽可能短。如果被拣物品集中于货架的两端，则通道中返回行走的距离就短，采用分割回转式拣货路径的总行走距离就短。

二、计算机辅助拣选系统及应用

1. 计算机辅助拣选系统的原理

计算机辅助拣选系统（Computer Assisted Picking System，CAPS）是采用先进的电子技术和通信技术开发而成的物流辅助作业系统，通常与仓储管理系统及其他物流管理系统配合使用于现代仓储管理中，其中，电子标签拣选系统是计算机辅助拣选系统最常用的方法之一，因此，CAPS又称电子标签辅助拣选系统。CAPS的原理是用安装于货架上每个货位的 LED 电子标签取代拣货单，利用计算机的控制将订单信息传输到电子标签中，向拣货员及时、明确地下达向货架内补货与出货等操作指示，引导拣货员正确、快速、轻松地完成拣选工作，从而提高拣选的速度，同时大幅度降低拣选的出错率。电子标签拣选系统货架使用示意图如图 4-25～图 4-27 所示。

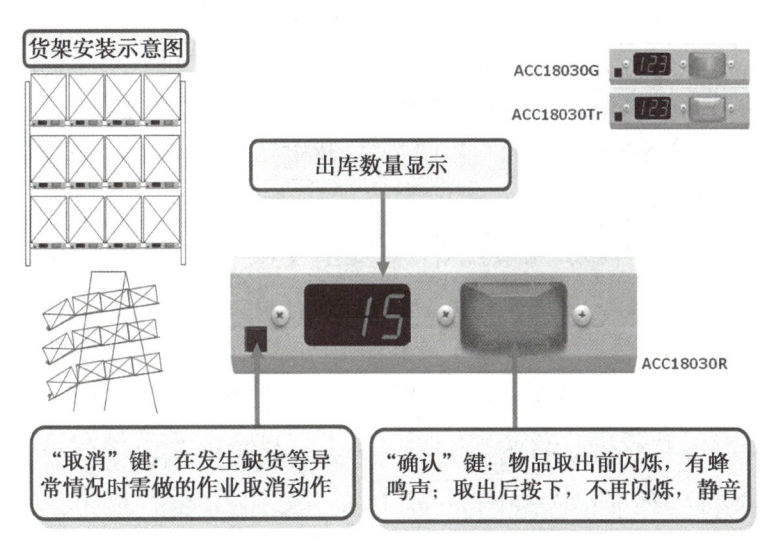

图 4-25 电子标签拣选系统货架一对一使用示意图

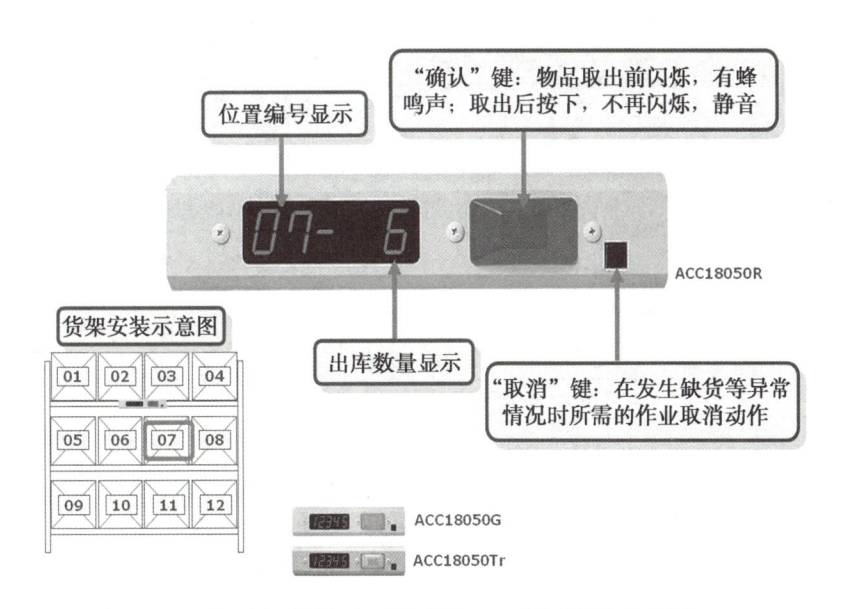

图 4-26 电子标签拣选系统货架一对多使用示意图（1）

2. 计算机辅助拣选系统作业方式

电子标签拣选系统目前主要有两种方式，一种是摘取式拣选方式（Digital Picking System，DPS）；另一种是播种式拣选方式（Digital Assorting System，DAS）。

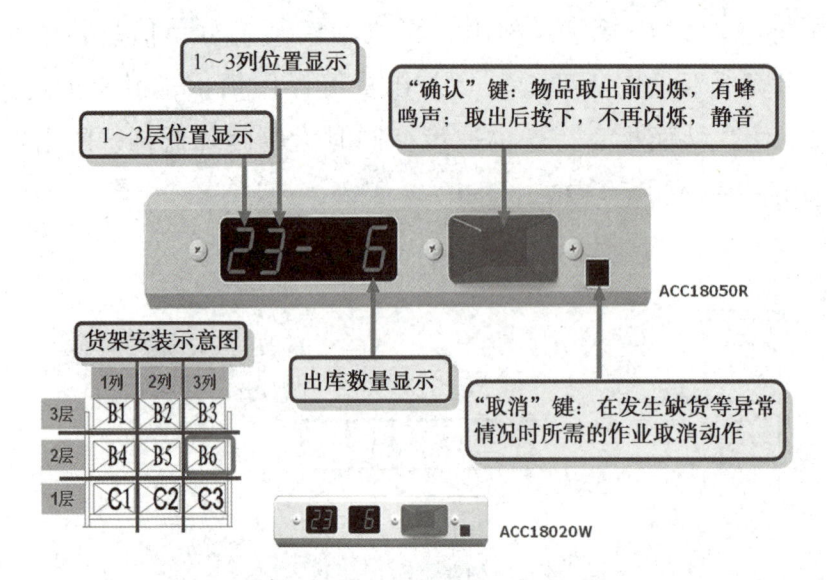

图 4-27 电子标签拣选系统货架一对多使用示意图（2）

（1）摘取式拣选。摘取式拣选是指运用电子标签系统，逐一对每份订单的物品进行拣选。摘取式电子标签对应的是不同的货位，拣货员只需根据电子标签系统指示的信息进行拣选即可。摘取式拣选作业流程如图 4-28 所示，主要步骤说明如表 4-9 所示，示意图如图 4-29 所示。

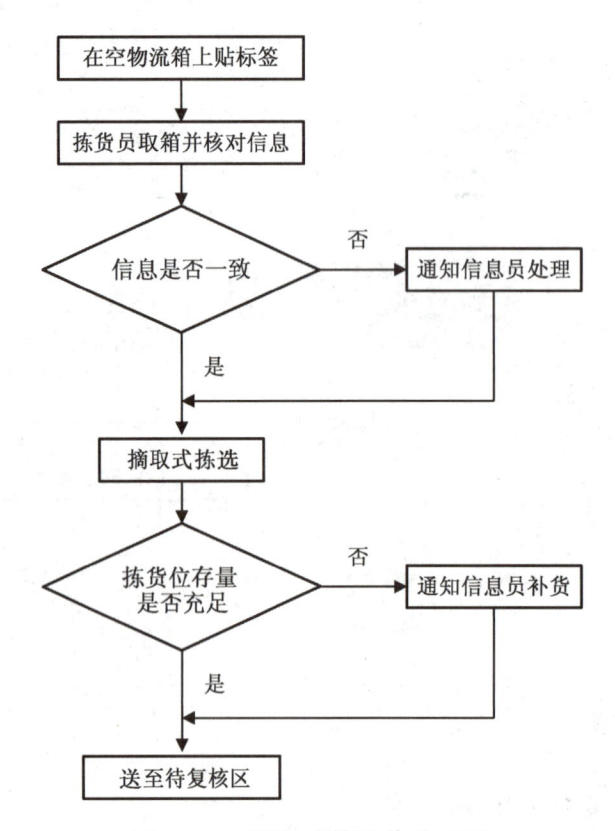

图 4-28 摘取式拣选作业流程

（2）播种式拣选。播种式拣选也是运用电子标签系统，根据电子标签系统提示的信息进行拣选物品，不同的是播种式电子标签对应的是不同的客户或门店。播种式拣选是按照物品品种拣选，汇总一段时间内的所有订单，拣选物品的数量是对应时段内所有订单的总数,拣完货后需要依据各份订单进行分货。播种式拣选作业流程如图 4-30 所示,播种式拣选作业主要步骤说明如表 4-10 所示,播种式拣选作业示意图如图 4-31 所示。

表 4-9　摘取式拣选作业主要步骤说明

序　号	步　　骤	说　　明
1	在空物流箱上贴标签	标签内容包括箱号,装车顺序号,客户名称、地址、电话,订货品种、数量等信息。贴标签前必须除去用过的物流条码,贴上当天的标签。若一个客户或门店需要多个物流箱,则应在每个客户或门店的第一个物流箱上用夹子标记,方便拣货员辨认
2	拣货员取箱并核对信息	拣货员拿到准备好的物流箱后核对电子标签系统显示的客户编码、物流箱箱号与物流箱标签信息是否一致。如果信息不一致,拣货员应立即向信息员汇报差异,由信息员处理差异
3	摘取式拣选	经核对无误后,电子标签显示相应物品需要拣选的数量,拣货员检查物品外包装、条码等是否完好,并根据显示的数量进行拣选。若拣货位存量少于需要拣选的数量,拣货员应立即通知信息员处理差异
4	送至待复核区	拣货员拣选完物品后在电子标签系统中确认(按"确认"键),并将拣选好的物品搬运至待复核区,交复核员复核

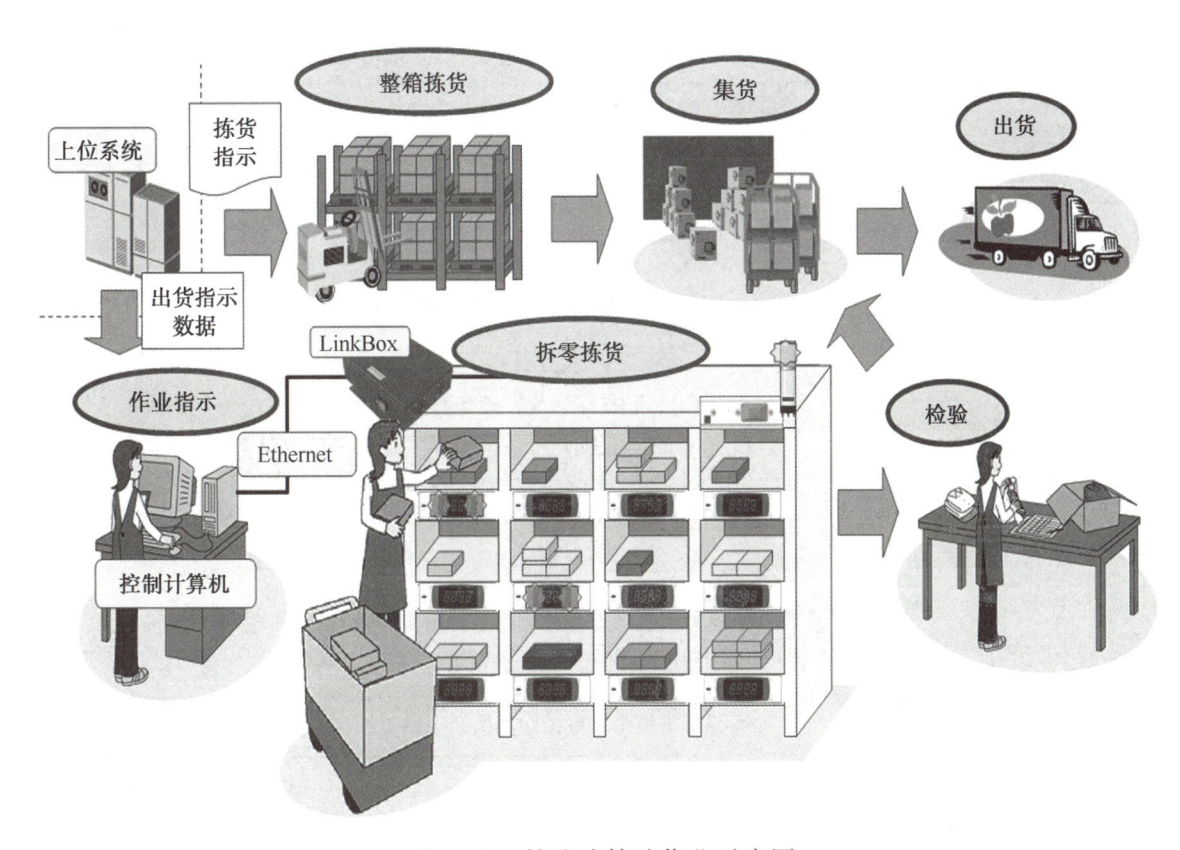

图 4-29　摘取式拣选作业示意图

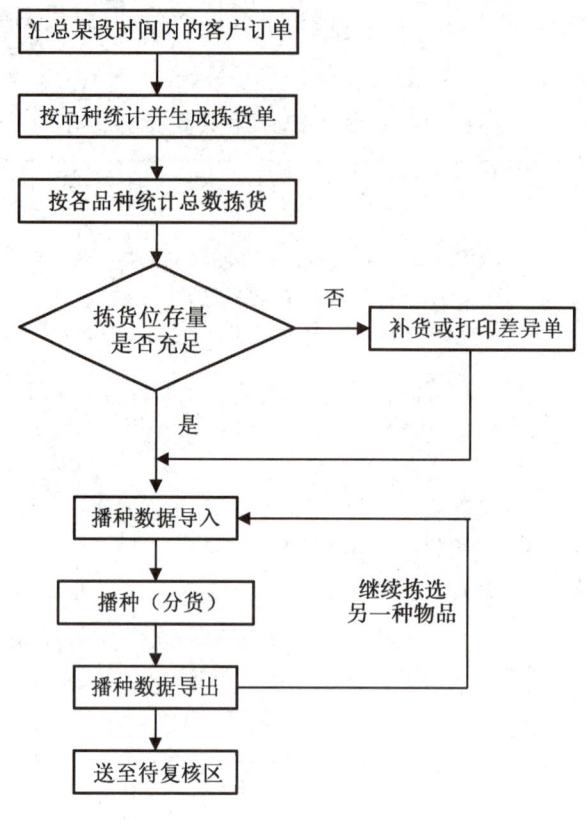

图 4-30　播种式拣选作业流程

表 4-10　播种式拣选作业主要步骤说明

序号	步骤	说明
1	汇总某段时间内的客户订单	信息员对一定时段内的所有客户订单进行汇总
2	按品种统计并生成拣货单	信息员按物品种类统计出各类物品数量，并生成拣货单
3	按各品种统计总数拣货	拣货员领取拣货单并按照拣货单上的提示信息在储存区拣选某种物品的总数
4	播种数据导入	拣货员用 RF（射频）设备扫描某种物品，系统接收到扫描信息后，电子标签显示对应的客户或门店需要该物品的数量，拣货员以此为拣货依据
5	播种（分货）	拣货员按照电子标签显示的信息拣选指定数量的该类物品，放入对应客户或门店的物流箱
6	播种数据导出	拣货员拣选好一种物品后，确认完成，电子标签导出播种数据，拣货员继续用 RF 设备扫描另一种物品，继续拣选物品
7	送至待复核区	拣货员将拣选好的物品搬运至待复核区，交复核员复核

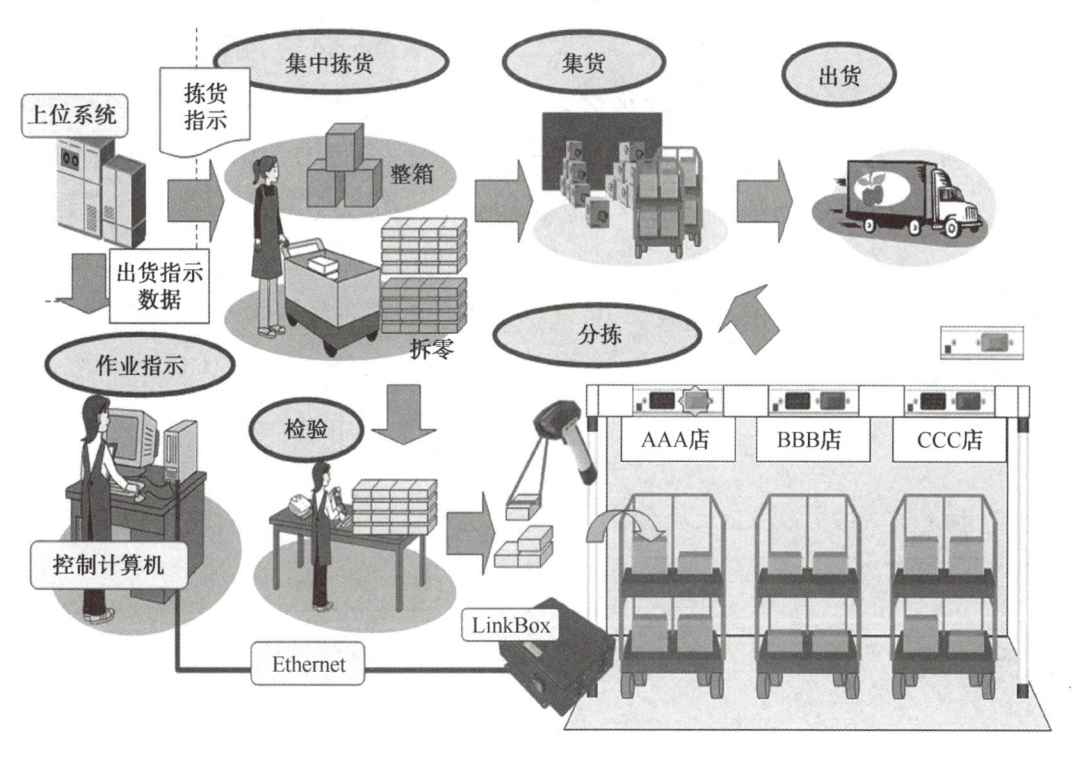

图 4-31 播种式拣选作业示意图

三、类 Kiva 机器人"货到人拣选作业模式"

电商的迅速发展给传统仓储物流带来很大的挑战，特别是仓储的拣货、分拣等业务环节需要大量人工并且劳动强度大、重复、枯燥，导致仓储管理成本高、效率低下。在"无人化"技术发展的推动下，越来越多的配送中心开始采用"货到人"模式的智能化仓储系统完成仓储作业。

人工智能技术在仓储环节的应用目标是实现整个仓库作业全流程的无人化操作，即所谓的"无人仓"，这也是现代仓储发展的终极目标。从技术发展角度来看，无人仓的主要组成部分包括以 AS/RS（自动存取系统）为代表的自动仓库、以移动机器人为基础的"货到人"拣选系统、自动分拣系统、机器人小车自动搬运系统、自动包装机等，以及自动化物流系统之后发挥有效管理、调度与控制作用的"智慧大脑"和先进算法等。随着技术的不断创新和发展，无人仓的作业水平和效率也在不断提升。在传统仓库中，拣选作业所占的比重较大，是最耗费人力和时间的作业之一，因此在无人仓系统中首先要解决的就是拣选作业过程中的机器换人。国内主流的电商与物流企业也开始自主研发"货到人拣选作业模式"。

由亚马逊公司提出的 Kiva "货到人"模式——类 Kiva（又称智能仓储机器人）受到越来越多的关注，其高度自动化，可以大幅度替代人工，同时项目实施速度快、交付周期短，系统投资相对于固定式自动化系统更低，更重要的是灵活性好，易于扩展，非常适用于库存量大、商品数量多、有多品种订单的场景。目前，类 Kiva 机器人系统在电商、商超零售、医药、快递等多个行业成功实现了应用。

类 Kiva 的"货到人"系统包括物流机器人、工作站、自动充电系统、货架等辅助设施及业务软件系统、机器人调度软件系统，它以人工智能算法的软件系统为核心完成上架、拣选、补货、退货、盘点等仓库内全部作业流程。在所有涉及分拣库区的业务流程中，员工无须进入分拣区内部，只需在工作站等待，系统会自动指派移动机器人将目标货架运到工作站，待员工在系统指示下完成业务后，再将货架送回分拣库区。系统会对接客户订单系统，订单下达后，所有资源调度与业务流程的推进均由系统主导，所有的数据流也由系统创建并维护，无须人工介入，员工只要在系统指示下完成从货架上拣选、扫码、装箱等操作即可。

任务三　补货

任务情境

2022 年 11 月 26 日，豫舟物流中心接到公司总部传送来的豫舟百货花园店的要货订单，需要"办公助手"100 套。信息部信息员吴斌在处理该订单时，仓储管理系统出现提示信息：二号库里办公用品货架区 A2000 储位的物品"办公助手"的数量已下降到补货点以下（库存数量 200 套，补货点 210 套，安全库存量 500 套），需要及时从办公用品平堆区补货。为了不影响门店的需求，信息员吴斌马上生成了该物品的补货单，并交给仓管员吴江，吴江通知补货员张德旺进行补货作业。

任务要求

1. 熟悉补货作业流程和常见的补货方式；
2. 能根据拣选作业的要求完成补货作业。

知识准备

一、补货作业的重要地位

我国《物流术语》（GB/T 18354—2021）中对补货的定义："为保证物品存货数量而进行的补充相应库存的活动。"补货作业就是将拣货位上不足存货数量的物品从储位上取下，并放入该物品对应的拣货位上的过程；或从验收合格入库的物品中，直接对拣货位不足存货数量的物品进行补充的过程。在出库配送作业中，补货作业具有重要的地位，是拣选作业的准备工作，其作业质量直接决定后续作业的效率，是后续操作顺利进行的保证。根据物品出库方式的不同，补货可以分为整箱（整托）补货和拆零补货。

二、补货作业流程

补货作业流程如图 4-32 所示。

项目四 物品出库作业

```
物品存量查询比对与生成补货单
         ↓
      凭单取货
         ↓
      物品搬运
         ↓
     补货到位确认
```

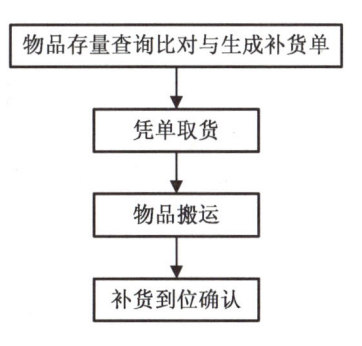

图 4-32 补货作业流程

任务实施

步骤一 物品存量查询比对与生成补货单

信息员吴斌登录物流统合业务系统，在物流统合业务系统界面单击【仓储管理系统】按钮，进入仓储管理系统主功能界面。单击【仓储管理】→【移库作业】→【补货作业】→【新增】按钮，进入新增补货作业界面，按照补货指令录入补货信息，如图 4-33 所示。

```
当前位置:补货作业                        [帮助]

库房         二号库            ... *
源区编码     办公用品平堆区     ... *
待补货区编码 办公用品货架区     ... *

生成补货单
```

图 4-33 新增补货作业界面

补货信息录入完毕后，单击【生成补货单】按钮，生成补货单，如图 4-34 所示。

作业计划单号	类型	库房编码	货品收货人	货品要求作业时间	目标库房
0000000000023328	移库	二号库	001	2022.11.26 09:01:04	二号库

新增　查看　移库调整　删除　补货作业单提交

图 4-34 生成补货单

选中已录入完毕的补货单，单击【补货作业单提交】按钮，补货作业处理完毕。

信息员吴斌将补货单交给仓管员吴江，吴江通知补货员张德旺进行补货作业。

步骤二 凭单取货

补货员张德旺根据补货单到相应的储位取物品。他利用手持终端登录仓储作业系统，进入主功能界面。单击【补货/出库作业】按钮，在打开的下级界面中单击【下架作业】

135

按钮，如图 4-35 所示。

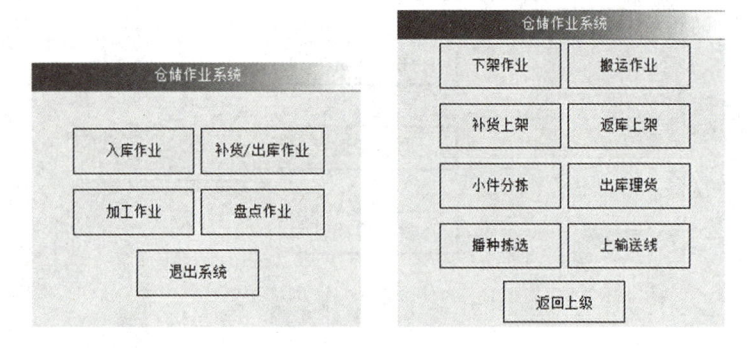

图 4-35 启动补货下架作业

从设备存放区开出叉车，行驶至办公用品平堆区。根据手持终端的提示采集托盘标签信息，如图 4-36 所示。

图 4-36 托盘标签信息

再根据手持终端提示的储位标签采集储位信息，此时补货员需要认真核对条码、名称、规格等信息，并检查物品外包装、条码、数量，根据信息拿取指定数量的物品。核对下架数量无误后，在列表中选中相应物品（如托盘 8000000000005 上的"办公助手"），单击【确认下架】按钮即可，如图 4-37 所示。手持终端中的待下架列表为空，证明物品已经下架完毕。

图 4-37 确认下架

项目四　物品出库作业

补货员张德旺根据手持终端的提示，利用叉车将补货下架的物品从正确的储位下架，并搬运至托盘货架交接区。重复这个操作，将托盘 8000000000006、8000000000007、8000000000008 上的"办公助手"取货下架，并搬运至托盘货架交接区，如图 4-38 所示。

下架操作完成后，将叉车开回设备存放区。

图 4-38　取货下架操作

步骤三　物品搬运，补货到位确认

补货员张德旺利用手持终端查看搬运操作信息，如图 4-39 所示。

图 4-39　搬运操作信息

根据手持终端提示采集托盘标签信息。信息采集成功后，手持终端自动显示物品名称、数量和到达地点等信息，单击【确认搬运】按钮，如图 4-40 所示。

拣货员王强从设备暂存区开出电动托盘搬运车，行驶至托盘货架交接区。根据手持终端的提示，将托盘货架交接区的物品搬运至补货区目标货位，如图 4-41 所示。

图 4-40　确认搬运　　　　　　　　图 4-41　搬运操作

任务评价

内容如表 4-11 和表 4-12 所示。

137

表 4-11　小组评价表

班　级			小　组		
任务名称			补货		
评价项目	评价标准	参考分值	评价得分		
			自评	组间互评（平均）	教师评价
任务完成情况及有关内容	按时、操作规范地完成任务	20			
	具有良好的安全作业观念和环保节约意识	15			
	具有良好的团队合作精神和创新精神	15			
小计		50			
合计（自评×20%+互评×40%+教师评×40%）					

表 4-12　小组成员评价表

班　级			小　组		姓　名	
任务名称			补货			
评价项目	评价标准	参考分值	评价得分			
			自评	组内互评（平均）	教师评价	
职业素养	参与作业任务的精神面貌	5				
	有良好的职业道德、爱岗敬业、吃苦耐劳，具有工匠精神	10				
	有较强的沟通能力和人际关系协调能力	5				
专业知识和技能	掌握相关的专业基础知识	10				
	在小组作业任务完成中能应用所学相关专业知识，发挥专业技能水平，完成作业任务	20				
小计		50				
合计（自评×20%+互评×40%+教师评×40%）						

注：1. 学生实际得分＝小组评价得分+小组成员评价得分。

　　2. 考评满分为 100 分，59 分及以下为不及格；60～70 分为及格；71～89 分为良好；90 分及以上为优秀。

拓展提升

一、补货作业要求

在补货过程中，需要经过取货、补货上架等作业环节，各个作业环节都有不同的作业要求。

1. 取货作业要求

（1）取货时要认真核对取货位、物品条码、名称、规格等信息。

（2）在取货时，若发现物品包装损坏、内包装与名称不符、数量不对，应及时反映给信息员处理。

（3）要维护好周转区物品。

(4) 取货时要按规定动作开箱，以免划坏物品。

(5) 取货时要轻拿轻放，取货完毕后要整理货位上的物品。

2. 补货上架作业要求

（1）向拣货区补货时，应根据补货单上的提示信息，认真核对物品名称、条码、货位等信息，确认无误后再放入相应的拣货位。

（2）补货上架时保证一种物品对应一个拣货位。若由于特殊原因，某物品需求量大，信息部可调整拣货位，多给该物品分配拣货位，但要保证这些拣货位相邻。

（3）能够补到拣货位的物品要尽量全部补到拣货位上，不能补到拣货位的物品要按分类摆放整齐。

（4）补货时应把物品整齐地补到拣货位上，如拣货位上无法补完此种物品，则应把多余物品整齐地摆放在每排指定的存货区，以便拣货位上缺货时能及时补货到位，以免降低拣货效率。

3. 其他作业要求

（1）应把出库拣选过程中所需物品迅速、及时地补到拣货位上，要随叫随到，并时时观察拣货位上物品的出货情况，主动补货。

（2）在拣货过程中，如发现物品数量不多应及时查询，以便及时把物品补充到位，尽量避免无货打印差异单。

（3）补货结束后要清扫所管区域内的卫生，保证作业区域干净整洁。

（4）补货作业标准是及时、准确。

二、常见的补货方式

在实际工作中，常见的补货方式如表4-13所示。

表4-13 常见的补货方式

序 号	方 式	说 明	适 用 范 围
1	直接补货	补货员从验收合格入库的物品中直接按拣货位物品安全库存量进行数量补充的过程	较适合周转非常快的物品
2	拼/整箱补货	补货员用取货箱到储存区货位取货，将取货箱装满后，用手推车送至拣货区。一次补两种以上物品称为拼箱补货；一次只补一种物品称为整箱补货	较适合体积小、量小但品种多的物品
3	托盘补货	以托盘为单位进行补货。补货员先用叉车将托盘由储存区运至拣货区，然后拣货员在拣货区将托盘上的物品搬运到输送机上	较适合体积大或出货量大的物品
4	货架补货	储存区与拣货区属于同一货架，也就是将同一货架上的上（中）层作为保管区，下层作为拣货区。当下层拣货区的物品存量低于设定标准时，将上层储存区的该物品搬至下层拣货区	较适合体积不大、存货量不多，且多为中小量出货的物品

三、补货时机

补货作业的发生与否主要看拣货位（区）的物品存量是否低于安全库存量（需求）。因此，究竟何时补货要看拣货位存量，以避免拣货时才发现拣货位物品存量不足需要补货，从而影响整个拣货作业的进程。为确保拣货作业安全、准确且迅速地进行，可采用批次补货、定时补货或随机补货等方式。常见的补货时机如表4-14所示。

表4-14 常见的补货时机

序 号	名 称	说 明	适 用 范 围
1	批次补货	在每天或每批次拣货之前，通过计算机查询比对所需拣取总量和拣货位存量，计算出差额并在拣货作业开始前补足物品	较适合一天内作业量变化不大、紧急追加订货不多，或者每批次拣取量大的情况
2	定时补货	将每天划分为若干时段，补货员在各个时段内检查拣货位存量，如果发现不足，马上予以补足	这种"定时补足"的补货方式较适合分批拣货时间固定、紧急配送任务较多的情况
3	随机补货	指定专人从事补货作业的方式，这些人员随时巡视拣货区的分批存量，发现不足随时补货	这种"不定时补足"的补货方式较适合每批次拣取量不大、紧急插单订货较多、不确定性较多的情况

任务四 完成物品出库作业

任务情境

2022年11月22日，豫舟物流中心接到公司总部传送来的豫舟百货中原店的出库通知单，要求11月23日12:00前将200袋华辉莲藕粉（120g）送到门店，并重新对这些莲藕粉进行促销包装。仓管员吴江收到出库通知信息后立即组织出库作业。

任务要求

1. 熟悉出库作业流程；
2. 能根据出库单的要求完成复核与合流作业；
3. 能根据出库单的要求完成点货与装车作业。

知识准备

一、出库作业概述

1. 复核作业

为避免出库配送物品出错，在点货装车前应进行复核。复核员根据复核单，对各客户

的物品进行复核，确认物品名称、规格、数量、包装等信息与复核单上的信息是否一致。良好的复核作业能及时发现拣选作业中的问题，如物品质量和数量问题，通过处理，能降低工作失误导致的物流成本。

2. 合流作业

复核作业完成后，依据门店（客户）订单信息将所有物品汇总，并将汇总物品搬运至指定的门店出货暂存区，以便点货装车出库，这个过程称为合流作业。

二、出库作业流程

出库作业主要包括复核、合流、点货、装车四个环节。根据实际工作情况，把出库作业分为复核与合流作业阶段、点货与装车作业阶段。

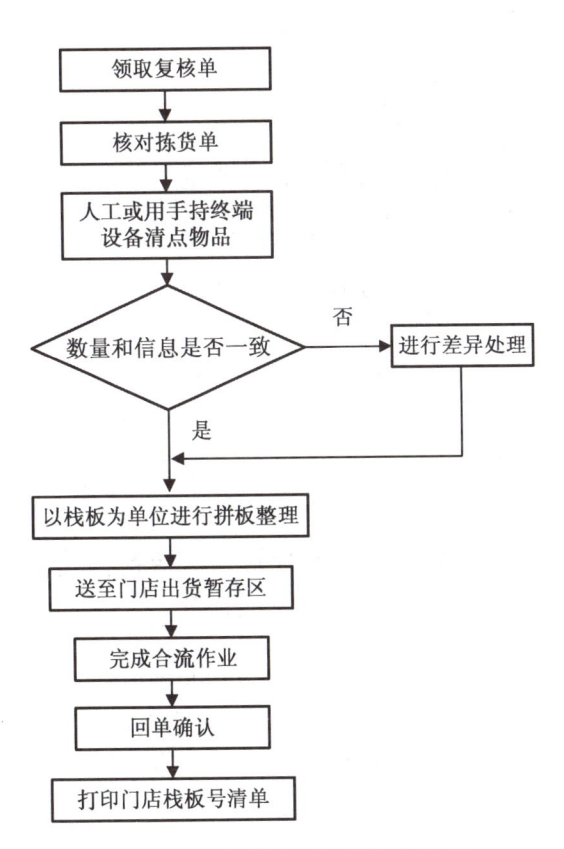

1. 复核与合流作业流程

复核与合流作业流程如图 4-42 所示。

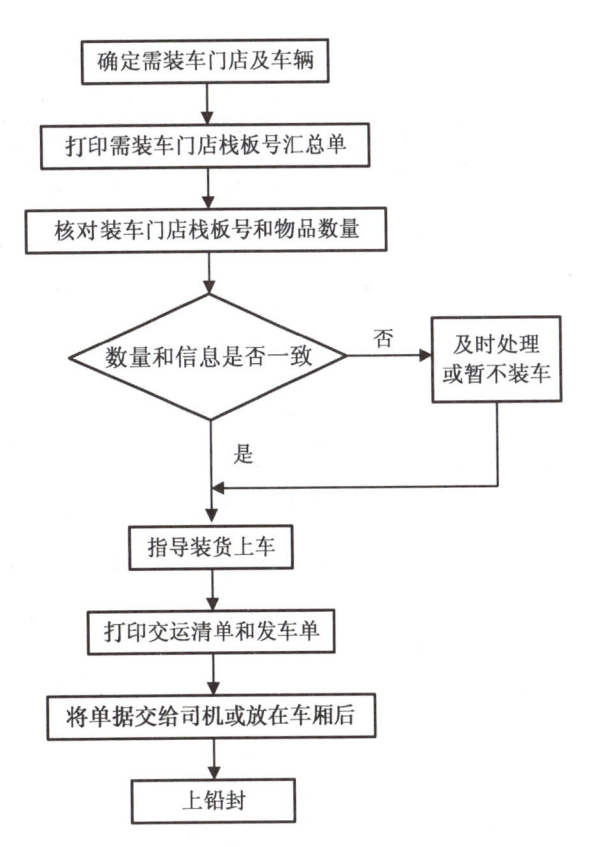

2. 点货与装车作业流程

点货与装车作业流程如图 4-43 所示。

图 4-42　复核与合流作业流程　　　　图 4-43　点货与装车作业流程

任务实施

复核与合流作业：

步骤一　领取复核单

复核员李刚领取复核单，作为复核作业的凭证。

步骤二　核对拣货单

复核员李刚根据领取到的复核单核对拣货员王强提供的拣货单，并确认拣货员王强已在上面签字，如图4-44所示。

拣 货 单								
作业单号：000000000023525			库房：二号库				操作编码：0000000000016959	
货 品 明 细								
位置	货品编码	货品名称	规格	批次	应拣	实拣	单位	备注
01508-020200	0404010	华辉莲藕粉	120g		200	200	袋	
制单人：吴斌						拣货人：王强		

图4-44　拣货单

步骤三　人工或用手持终端设备清点物品

由于本次清点物品属于零散出货物品，复核员李刚需要清点物流箱数量，用手持终端设备逐个扫描物流箱上的条码，根据系统中显示的物品名称、规格、数量等信息，核对物流箱中的物品信息，若手持终端设备显示的物品信息与对应物流箱中的物品信息不一致，交由拣货员王强和信息员吴斌处理。

步骤四　以栈板为单位进行拼板整理

对复核没问题的物品，复核员李刚将以栈板为单位进行拼板整理。

步骤五　送至门店出货暂存区

拼板整理完后，要在栈板（物品）上标注栈板号并送至门店出货暂存区等待发货。

步骤六　完成合流作业

复核员李刚要将豫舟百货中原店待出库的全部物品进行汇总，以确保准确无误。

步骤七　回单确认

复核员李刚复核完后，要在单据上签名，并将复核单交给信息部。

步骤八　打印门店栈板号清单

豫舟物流中心信息部接到复核员李刚所交的复核单后，要打印门店栈板号清单。

点货与装车作业：

步骤一　确定需装车门店及车辆

出货员闫伟依调度派车计划，确定需装车门店及车辆。

步骤二　打印需装车门店栈板号汇总单

装车前，出货员闫伟到信息部查询有无未回单据，确定无未回单据后，打印需装车门店栈板号汇总单。

步骤三　核对装车门店栈板号和物品数量

出货员闫伟到出库暂存区核对装车门店栈板号和物品数量，并记录每个栈板上物品的数量，以确定到店物品的准确性。如有栈板号及数量不符的情况，要及时处理再装车，如未能处理，待装完车后报主管解决。

步骤四　指导装货上车

出货员闫伟指导搬运组装货上车。装车时，要尽量整板上车，注意车辆的平衡；如一辆车装几家门店的物品，要根据配送先后顺序决定装车先后顺序，做到"先送后装"，并且不同门店（客户）的物品要进行间隔，以免卸错。

步骤五　打印交运清单和发车单

装车完毕，出货员闫伟依据确认的栈板号打印交运清单，然后一一核对，以杜绝到店无单的情况；为配送车辆打印发车单。

步骤六　将单据交给司机或放在车厢后

将交运清单和发车单交给司机或放在车厢后。

步骤七　上铅封

为配送车辆打上铅封，并将铅封号写在栈板号汇总单上。

物品发出后，出货员闫伟组织清理现场，检查相关设施/设备和工具是否损坏。

任务评价

内容如表4-15和表4-16所示。

表4-15　小组评价表

班　　级		小　　组			
任务名称		完成物品出库作业			
评价项目	评价标准	参考分值	评价得分		
			自评	组间互评（平均）	教师评价
任务完成情况及有关内容	按时、操作规范地完成任务	20			
	具有良好的安全作业观念和环保节约意识	15			
	具有良好的团队合作精神和创新精神	15			
	小计	50			
合计（自评×20%+互评×40%+教师评×40%）					

表 4-16　小组成员评价表

班　级		小　　组		姓　　名		
任务名称		完成物品出库作业				
评价项目	评价标准	参考分值	评价得分			
			自评	组内互评（平均）	教师评价	
职业素养	参与作业任务的精神面貌	5				
	有良好的职业道德，爱岗敬业、吃苦耐劳，具有工匠精神	10				
	有较强的沟通能力和人际关系协调能力	5				
专业知识和技能	掌握相关的专业基础知识	10				
	在小组作业任务完成中能应用所学相关专业知识，发挥专业技能水平，完成作业任务	20				
小计		50				
合计（自评×20%+互评×40%+教师评×40%）						

注：1. 学生实际得分=小组评价得分+小组成员评价得分。

　　2. 考评满分为100分，59分及以下为不及格；60～70分为及格；71～89分为良好；90分及以上为优秀。

拓展提升

一、物品出库的主要方式

对于一般的仓储企业，物品出库的主要方式有五种，每种方式及其特点如表4-17所示。

表 4-17　不同出库方式及其特点

序号	方式	含义	特点	作业要求	适用客户
1	客户自提（自提）	客户自带车辆和人员，持提货单（领料单）到仓库直接提货的一种出库方式	提单下仓随到随发自提自运	仓库发货人与提货人在仓库现场当面交接清楚并办理签收手续	提货数量少、运输距离短的客户
2	送货上门（配送）	仓储企业派自己的车辆和人员，根据客户的要求，按出库凭证所开列的物品直接运送到客户指定地点的一种出库方式	预先付货按车排货发货等车	处理好仓储部门与运输部门的交接手续，以及运输部门与收货单位的交接手续	大型连锁超市配送中心
3	代办托运	仓库接受客户的委托，依据客户所开的出库凭证办理出库手续，再通过承运单位把物品发运到客户指定地点的一种出库方式	委托授权方便客户节省运费	处理好仓储企业与承运单位的交接手续	大宗物品和长距离运输的客户

144

续表

序 号	方 式	含 义	特 点	作业要求	适用客户
4	过户	物品虽未出库，但所有权已从原货主转移到新货主的一种出库方式	货物不动 单证变动 所有权人变动	仓储部门必须根据原货主开出的正式过户凭证，予以办理过户手续	就地划拨的客户
5	移库	根据货主的需要，将某批库存物品从甲库转移到乙库的一种出库方式	库内移动 二次手续 （一出一进） 所有权人不变	仓储部门必须根据货主开出的正式移库票据，予以办理移库手续	为了业务方便或改变物品储存条件的客户

二、物品出库一般流程

不同仓储企业物品出库流程的侧重点和顺序会有所差异，但对一般的仓储企业而言，物品出库一般流程如图4-45所示，主要步骤说明如表4-18所示。

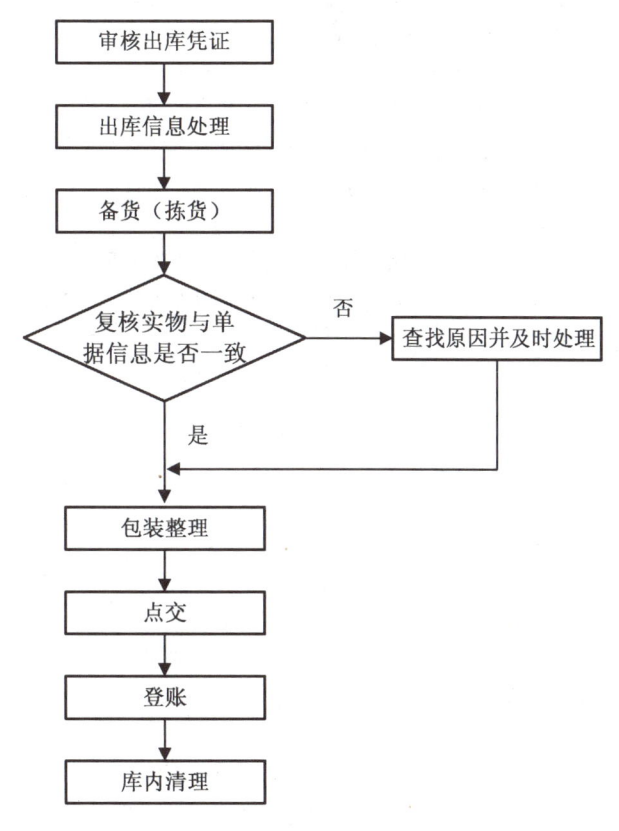

图4-45 物品出库一般流程

表4-18 物品出库一般流程主要步骤说明

序 号	步 骤	说 明
1	审核出库凭证	物品出库必须有正式的出库凭证，仓储业务部门接到物品出库凭证（如提货单和出库单）后，必须对出库凭证进行认真审核，审核无误后，方可组织物品出库

续表

序 号	步 骤	说 明
2	出库信息处理	出库凭证审核无误后，应对出库物品信息进行处理。当采用人工处理方式时，发货员将出库凭证上的信息按规定的手续登记入账，同时在出库凭证上批注出库物品的储位编号，并及时核对发货后的结存数量；当采用计算机进行库存管理时，将出库凭证的信息录入计算机后，由出库业务系统自动进行信息处理，并打印相应的备货（拣货）信息，作为备货（拣货）作业的依据
3	备货（拣货）	发货员根据出库凭证上批注的出库物品储位编号等信息（或拣货单信息）进行备货（拣货）
4	复核实物清单与单据信息是否一致	为防止多发、少发、错发等差错事故的发生，备货后必须对出库物品进行复核
5	包装整理	出库物品的包装必须完整、牢固，标志必须正确、清楚，若出现破损受潮、捆扎松散等不能保证配送运输安全的情况，应加固整理，破损的包装箱不得出库
6	点交	出库发货时应把物品直接点交给提货人，办清交接手续；若是代办托运，则需与承运单位点交清楚
7	登账	出库点交后，当采用人工处理方式时，仓管员要及时根据留存的一联出库凭证登记实物明细账卡，同时核对库存实物，做到随发随记，日清月结；当采用计算机进行库存管理时，应及时将出库信息录入计算机，系统自动更新数据
8	库内清理	经过出库的一系列工作之后，实物、账目和库存档案等都发生了变化。因此，仓库工作人员应立即做好库内清理工作，主要包括现场清理和档案整理

任务五　物品加工包装

任务情境

2022年11月24日，豫舟物流中心接到公司总部传送来的豫舟百货中原店的出库通知单，要求11月25日12:00前将150套"办公助手"送到门店。"办公助手"是由剪刀、订书机和文件夹各1件组成的成套物品。信息员吴斌收到通知单后，发现货架上只有50套"办公助手"，另外的100套需要进行加工组装，便生成加工包装订单，并把加工包装订单交给仓管员吴江，吴江通知加工员韩东、刘云飞拣选剪刀、订书机和文件夹各100件，并进行组装包装作业。

任务要求

1. 了解物品包装的功能，熟悉物品加工包装作业的基本流程；
2. 能根据物品的要求进行简单的物品加工包装作业。

知识准备

一、包装的含义

我国《物流术语》（GB/T 18354—2021）中对包装的定义："为在流通过程中保护产品、方便储运、促进销售，按一定技术方法而采用的容器、材料及辅助物等的总体名称。也指为了达到上述目的而采用容器、材料和辅助物的过程中施加一定技术方法等的操作活动。"包装一般包括两层含义。第一层是静态的含义：盛装物品的容器、材料及辅助物，即包装物；第二层是动态的含义：实施盛装、封装、包扎等的技术活动。

二、物品包装的功能

包装是物品的重要组成部分，不但是物品不可缺少的外衣，起着保护物品、便于运输、促进销售的作用，而且是物品制造企业的形象缩影，因此，包装具有保护（无声的卫士）、便利（无声的助手）、促销（无声的推销员）等功能。

（1）保护功能。科学的包装可以保护物品在流通过程、储运过程中的完整和不受损坏，如玻璃器皿的包装，这是包装的基本功能。同时，科学的包装也可防止具有危害性的内装物对接触的人、生物和环境造成伤害或污染，如液化气罐等。

（2）便利功能。合理的包装便于物品的装卸、储存和销售，也便于消费者使用，如液态牛奶包装袋和包装箱。

（3）促销功能。良好的包装能给人以美的享受，起到诱导和激发消费者的购买欲望的作用，因此，包装在消费者与物品之间起着连接（媒介）、宣传、美化、促进销售等作用。

三、物品加工包装作业的基本流程

物品加工包装作业的基本流程如图 4-46 所示。

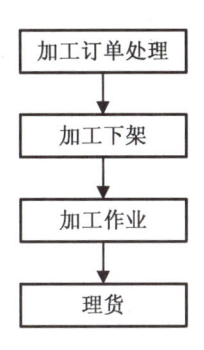

图 4-46 物品加工包装作业的基本流程

任务实施

步骤一　加工订单处理

信息员吴斌收到"办公助手"的出库通知单，发现现货不足后，开始处理加工订单。

1. 基础信息维护

信息员吴斌登录物流统合业务系统，在物流统合业务系统界面单击【仓储管理系统】按钮，进入仓储管理系统主功能界面。单击【基础管理】→【货品管理】→【新增】按钮，进入新增货品信息界面，将"货品类别"设置为"组装品"（"办公助手"的组装物品包括剪刀、订书机和文件夹），如图 4-47 和图 4-48 所示。

图 4-47　货品

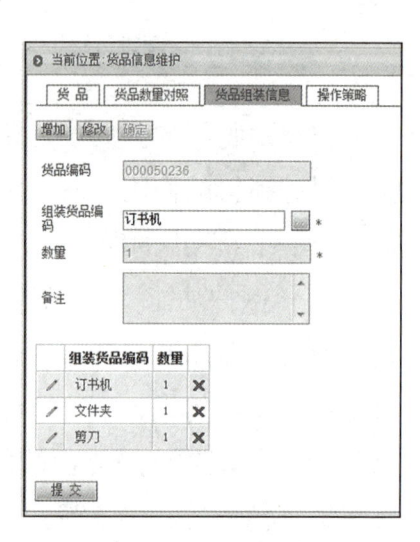

图 4-48　货品组装信息

2. 新增库内加工订单

信息员吴斌登录物流统合业务系统，在物流统合业务系统界面单击【订单管理系统】按钮，进入订单管理系统主功能界面。单击【加工订单】→【新增】按钮，进入新增加工订单界面，将加工订单信息填写完整并单击【保存订单】按钮，如图 4-49 和图 4-50 所示。

图 4-49　订单信息

图 4-50　加工信息

订单录入完毕后，选中"办公助手"的流通加工订单，单击【生成作业计划】按钮，如图 4-51 所示。

图 4-51　生成作业计划

步骤二　加工下架

加工员韩东、刘云飞收到信息员吴斌发来的流通加工作业计划，开始根据手持终端的提示到目标储位拣取剪刀、订书机、文件夹各 100 件。

首先他们利用手持终端登录仓储作业系统，进入主功能界面。单击【加工作业】按钮，在打开的下级界面中单击【加工管理】按钮，再在打开的界面中单击【启动】按钮，如图 4-52 所示。

图 4-52　启动加工作业

返回主功能界面，单击【加工作业】按钮，在打开的下级界面中单击【加工下架】

按钮，根据手持终端的提示扫描储位编码和物品编码后，手持终端显示的加工物品信息如图 4-53 所示。在储位 A00101 上拣取订书机 100 件，核对物品名称、规格、数量等信息无误后，在手持终端上单击【确认下架】按钮，完成订书机的下架取货作业。按照同样的操作完成剪刀和文件夹的下架取货作业。

图 4-53　手持终端显示的加工物品信息

步骤三　加工作业

加工员韩东将拣取的剪刀、订书机、文件夹各 100 件放到包装加工作业台上，交给加工员刘云飞进行组装和包装作业。

加工员刘云飞利用手持终端登录仓储作业系统，进入主功能界面。单击【加工作业】按钮，按手持终端的提示扫描物品条码后，系统自动显示出物品名称、需要加工的数量、包装单位及加工这种物品所需的材料等信息，如图 4-54 所示。

图 4-54　确认加工作业

加工员刘云飞核对加工信息无误后，单击【加工确认】按钮，根据手持终端的加工作业数量提示进行加工处理。加工处理的具体过程包括以下几点。

1. 组合

将剪刀、订书机、文件夹从周转箱内取出放到工作台上，然后根据组装要求进行一对一的组合，待组装的物品如图 4-55 所示。

2. 装盒

将组合好的剪刀、订书机、文件夹各 1 套装进指定的包装盒内，如此重复，直至将所有物品组合并包装完毕。将组装完成的"办公助手"成品（用内包装）装到大的运输纸箱（外包装）里，如图 4-56 所示。

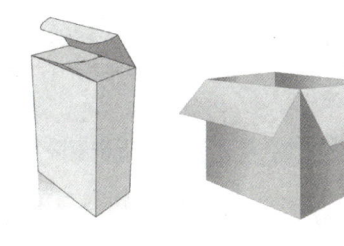

图 4-55　待组装的物品　　　　　　　图 4-56　物品内包装（左）和外包装（右）

步骤四　理货

加工员刘云飞将装有"办公助手"的运输包装箱根据码放要求放到托盘上，每个托盘码放 3 层，每层 6 套。理货完毕后，通过搬运车将物品搬运至发货区等待发货。

任务评价

内容如表 4-19 和表 4-20 所示。

表 4-19　小组评价表

班　级		小　组			
任务名称	物品加工包装				
评价项目	评价标准	参考分值	评价得分		
			自评	组间互评（平均）	教师评价
任务完成情况及有关内容	按时、操作规范地完成任务	20			
	具有良好的安全作业观念和环保节约意识	15			
	具有良好的团队合作精神和创新精神	15			
	小计	50			
合计（自评×20%+互评×40%+教师评×40%）					

表 4-20　小组成员评价表

班　级		小　组		姓　名		
任务名称	物品加工包装					
评价项目	评价标准	参考分值	评价得分			
			自评	组内互评（平均）	教师评价	
职业素养	参与作业任务的精神面貌	5				
	有良好的职业道德，爱岗敬业、吃苦耐劳，具有工匠精神	10				
	有较强的沟通能力和人际关系协调能力	5				
专业知识和技能	掌握相关的专业基础知识	10				
	在小组作业任务完成中能应用所学相关专业知识，发挥专业技能水平，完成作业任务	20				
	小计	50				
合计（自评×20%+互评×40%+教师评×40%）						

注：1. 学生实际得分=小组评价得分+小组成员评价得分。

　　2. 考评满分为 100 分，59 分及以下为不及格；60~70 分为及格；71~89 分为良好；90 分及以上为优秀。

一、流通加工的含义和种类

我国《物流术语》（GB/T 18354—2021）中对流通加工的定义："根据顾客的需要，在流通过程中对产品实施的简单加工作业活动的总称。"

根据目的不同，流通加工可以分为三种，如表4-21所示。

表4-21 流通加工的种类

序号	分类标准	说明
1	为保护流通中物品安全的流通加工	在流通过程中，为了防止物品在运输、储存、装卸搬运等过程中遭受损失，可以采取稳固、改装、保鲜、冷冻等方式对物品进行包装，以起到保证物品安全的作用
2	为满足客户多样化需求的流通加工	生产制造企业为了获得规模经济和提高生产效率，往往大批量地生产标准化的产品，但这难以满足客户的个性化需求，或不能向客户提供直接可用的产品。为了满足客户对物品的多样化需求，又保证企业高效率的大规模生产，可将单一化、标准化的物品进行多样化的改制加工
3	为提高物品附加值的流通加工	流通加工可以促进销售。例如，将过大包装物品或散装物品分装成适合一次销售的小包装；将以保护物品为主的运输包装改换成以促进销售为主的销售包装，以吸引消费者，促进销售，如将蔬菜、肉类洗净切块等

二、物品包装的分类

物品包装可依据不同标准进行分类。常见的物品包装分类如表4-22所示。

表4-22 常见的物品包装分类

序号	分类标准	分类及说明
1	按包装在物流过程中的作用	分为运输包装和销售包装。运输包装是为了在运输过程中方便运输，以保护物品为目的的包装，又称工业包装或物流包装；销售包装是为了促进商品销售的包装，外形美观，采用适宜顾客购买的包装单位，又称商业包装
2	按包装的大小	分为单件运输包装和集合运输包装。单件运输包装是指在物流过程中作为一个计件单位的包装，如纸箱、木箱等；集合运输包装是指将若干单件运输包装组成一个大包装，常见的有集装袋、托盘和集装箱等
3	按包装在国际贸易中有无特殊要求	分为一般包装、中性包装和定牌包装。一般包装为中性包装和定牌包装之外的包装；中性包装是指商品和内外包装上均无生产国家和生产厂商名称的包装；定牌包装是指卖方按买方的要求在其出售的商品包装上标明买方指定的商标和牌号的包装
4	按包装的保护技术不同	分为防锈包装、防潮包装、防虫包装、防腐包装、防震包装和危险品包装等

续表

序 号	分类标准	分类及说明
5	按包装物所使用的材料分类	分为纸箱包装、纸袋包装、玻璃瓶包装、塑料袋包装（软包装）等
6	按包装物可否重复使用分类	分为一次性包装和重复使用包装。一次性包装是指随物品的销售而消耗、损坏的包装；重复使用包装是指能直接消毒、灭菌再使用的包装
7	按包装耐压程度分类	分为硬质包装、半硬质包装、软质包装。硬质包装能承受较大的挤压，如铁箱、木箱；半硬质包装如纸箱；软质包装如麻袋、编织袋和纸袋等

三、物品包装储运标志

物品包装储运标志是根据物品的性质在包装的一定位置上放置简单醒目的图案和文字，用于显示物品在物流作业过程中应注意的事项。

我国国家标准《包装储运图示标志》（GB/T 191—2008）对标志的名称、图形符号、尺寸、颜色及应用方法等做了明确的规定。

（1）包装储运标志名称及图形符号共有 17 种（见表 4-23）。

表 4-23　包装储运标志名称及图形符号

标志名称	图形符号	标志名称	图形符号	标志名称	图形符号
易碎物品		禁用手钩		向上	
怕晒		怕辐射		怕雨	
重心		禁止翻滚		此面禁用手推车	
禁用叉车		由此夹起		此处不能卡夹	
堆码重量极限		堆码层数极限		禁止堆码	
由此吊起		温度极限			

（2）标志外框为长方形，其中图形符号外框为正方形，尺寸一般分为 4 种（见表 4-24），如果包装尺寸过大或过小，可等比例放大或缩小。

表 4-24　图形符号及标志外框尺寸

单位：mm

序 号	图形符号外框尺寸	标志外框尺寸
1	50×50	50×70
2	100×100	100×140
3	150×150	150×210
4	200×200	200×280

（3）标志颜色一般为黑色。如果包装的颜色使得标志显得不清晰，则应在印刷面上用适当的对比色，如黑色标志最好以白色作为底色。必要时，标志也可使用其他颜色，除非另有规定，一般应避免采用红色、橙色或黄色，以避免同危险品标志相混淆。

（4）标志的应用方法。可采用直接印刷、粘贴、拴挂、钉附及喷涂等方法应用标志。印制标志时，外框线及标志名称都要印上，出口货物可省略中文标志名称和外框线；喷涂时，外框线及标志名称可以省略。

巩固提高

一、判断题（正确的打"√"，错误的打"×"）

1. 物品出库配送是从拣选作业开始的。（　　）
2. 人工摘取式拣选的主要特点是以订单为单位，一次拣选一张订单上的物品，即"一单一拣"。（　　）
3. 人工播种式拣选的主要特点是以物品为单位，汇总某段时间内各类物品的数量，分别进行拣选。（　　）
4. 在订单数量庞大时，采用人工摘取式拣选方式可以缩短拣选物品时行走搬运的距离，增加单位时间的拣选数量，提高拣选的工作效率。（　　）
5. 人工播种式拣选适用于客户之间的需求差异较大，每个客户需要的物品品种较多、数量较多的情况。（　　）
6. 电子标签拣选系统能够引导拣货员正确、快速、轻松地完成拣选工作，从而提高拣选的速度，同时大幅度降低拣选的出错率。（　　）
7. 摘取式拣选系统电子标签对应的是不同的门店或客户。（　　）
8. 播种式拣选系统电子标签对应的是不同的货位。（　　）

二、单项选择题

1. 客户向物流（配送）中心订货，直接由供应商配送给客户的交易订单称为（　　）订单。
   A. 现销式交易　　B. 间接式交易　　C. 合约式交易　　D. 寄库式交易

2. 物流（配送）中心的所有作业中，（　　）作业是物流（配送）中心作业的核心环节。
   A. 配送　　　　B. 出库　　　　C. 补货　　　　D. 拣选

3. （　　）拣货路径是一种较为常见的拣货路径，尤其适合拣货密度大的情况。
   A. 顺序穿越式　　B. 回转式　　C. 中点回转式　　D. 分割回转式

4. （　　）方式适合周转非常快的物品。
   A. 拼/整箱补货　　B. 托盘补货　　C. 货架补货　　D. 直接补货

5. （　　）是在每天或每批次拣货之前，通过计算机查询比对所需拣取总量和拣货位存量，计算出差额并在拣货作业开始前补足物品。

A. 直接补货　　　B. 批次补货　　　C. 定时补货　　　D. 随机补货

6. 大型连锁超市配送中心一般采用（　　　）出库方式。

A. 客户自提　　　B. 送货上门　　　C. 代办托运　　　D. 过户

7. 对一般的仓储企业而言，（　　　）是出库作业的第一个环节。

A. 出库信息处理　　B. 审核出库凭证　　C. 备货　　　D. 点交

8. 包装的基本功能是（　　　）。

A. 保护功能　　　B. 便利功能　　　C. 促销功能　　　D. 标记功能

三、多项选择题

1. 对于一般的物流（配送）中心，为了确保出库配送作业的准确性和有效性，接到订单后要对订单内容进行审核。要审核的订单内容包括（　　　）。

A. 物品名称、数量及日期　　　　B. 客户信用

C. 订单类型　　　　　　　　　　D. 订货价格

E. 加工包装

2. 摘取式拣选作业的主要步骤为（　　　）。

A. 在空物流箱上贴标签　　　　　B. 拣货员取箱并核对信息

C. 摘取式拣选　　　　　　　　　D. 按客户订单分货

E. 送至待复核区

3. 补货作业主要包括（　　　）等环节。

A. 物品存量查询比对与生成补货单　　B. 凭单取货

C. 物品搬运　　　　　　　　　　D. 补货到位确认

E. 加工包装

4. 为确保拣选作业安全、准确、迅速地进行，常见的补货时机有（　　　）。

A. 直接补货　　　B. 批次补货　　　C. 定时补货　　　D. 随机补货

E. 定量补货

5. 出库作业主要包括（　　　）四个环节。

A. 复核　　　　B. 合流　　　　C. 点货　　　　D. 登账

E. 装车

6. 按包装在物流过程中的作用，可把包装分为（　　　）。

A. 纸箱包装　　B. 一次性包装　　C. 运输包装　　D. 硬质包装

E. 销售包装

7. 包装储运标志的外框尺寸一般有（　　　）。

A. 长：70mm　宽：50mm　　　　B. 长：100mm　宽：70mm

C. 长：140mm　宽：100mm　　　D. 长：210mm　宽：150mm

E. 长：280mm　宽：200mm

四、思考题

1. 人工摘取式拣选方式和人工播种式拣选方式的优缺点及适用范围有什么不同？

2. 一般仓储企业的出库作业流程主要包括哪些环节？

3. 你能识别哪些包装储运标志？

五、技能训练题

1. 进行摘取式拣选作业。

2. 进行物品（半自动）包装作业。

项目五

物品配送作业

项目目标

1. 学会运用车辆调度的原则合理调度车辆。
2. 了解影响配送车辆装载的因素。
3. 能够根据车辆配装的原则配装物品。
4. 能够使用节约里程法确定最佳配送路线。
5. 能够掌握交单签收作业流程。
6. 熟悉返品处理应注意的事项。
7. 了解物品配送作业中各岗位的职责并能够严格遵守。
8. 培养学生良好的职业素养、严谨的工作作风和人际交往沟通能力。

任务一 车辆调度

任务情境

2022年11月26日，豫舟物流中心接到公司总部发来的豫舟百货中原店和郑花店的出库通知单两份，要求豫舟物流中心二号库提前做好分拣备货工作，并且在11月27日将物品分别送到这两个门店。出库通知单的具体内容如表5-1和表5-2所示。配送部赵峰收到配送订单后开始组织配送作业。

表5-1 出库通知单（一）

序 号	货品名称	数 量	单 位	重量（kg）	体积（m³）	到货日期
1	绿箭薄荷味口香糖	100	盒	12	0.48	2022.11.27
2	联想键盘 K4800S	100	个	30	3	2022.11.27
3	联想手机 Y70	100	个	10	0.48	2022.11.27
4	飞利浦剃须刀 S3206/09	100	个	15	0.378	2022.11.27
5	飞利浦电脑小音箱 SPA20	100	个	20	1.43	2022.11.27
6	华辉莲藕粉	100	袋	12	1.98	2022.11.27
收货单位	豫舟百货中原店					
收货地址	郑州市棉纺路1号					
联系人	李丹					
电话	0371-6743****					
急需发货，收到请回复！							

豫舟百货中原店　李丹

表5-2 出库通知单（二）

序 号	货品名称	数 量	单 位	重量（kg）	体积（m³）	到货日期
1	华辉莲藕粉	200	袋	24	3.96	2022.11.27
收货单位	豫舟百货郑花店					
收货地址	郑州市花园路北段融元广场					
联系人	郑乾楠					
电话	0371-6917****					
急需发货，收到请回复！							

豫舟百货郑花店　郑乾楠

任务要求

1. 掌握车辆调度作业流程；
2. 熟悉车辆调度的原则。

知识准备

车辆调度是指制订行车路线，使车辆在满足一定约束条件的情况下，有序地通过一系列装货点和卸货点，达到诸如路程最短、成本最低、耗时最少等目标。车辆调度是配送过程的"中枢神经"，其好坏直接影响配送车辆的利用率和配送成本的高低，以及能否满足客户提出的配送服务需求等。

车辆调度是根据客户的需求、物流（配送）中心的资源（包括车辆、司机等）、道路运输网情况综合规划调度，对配送作业做出合理安排并进行监控管理的过程。

一、车辆调度作业流程

以城市连锁经营企业为例，车辆调度作业流程如图5-1所示。

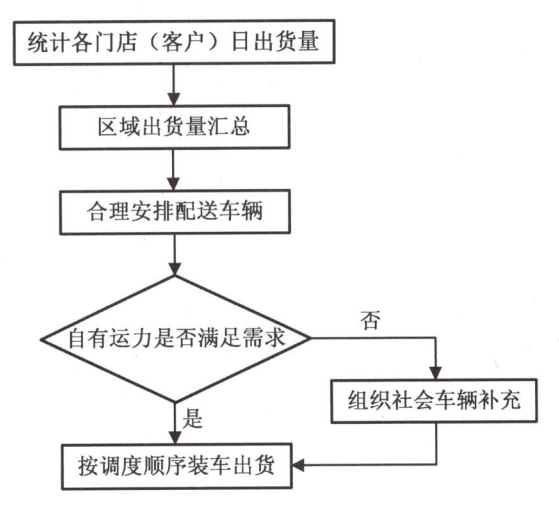

```
统计各门店（客户）日出货量
        ↓
   区域出货量汇总
        ↓
   合理安排配送车辆
        ↓
  自有运力是否满足需求 ──否──→ 组织社会车辆补充
        ↓是                         ↓
   按调度顺序装车出货 ←──────────────┘
```

图 5-1　车辆调度作业流程

二、车辆调度的原则

车辆调度一般应遵循的原则如表5-3所示。

表 5-3　车辆调度的原则

序号	原则	说明
1	合适	（1）合适的车型：调度员根据物品的重量、体积、性质、包装及配送路线等因素来确定车型和数量； （2）合适的车辆来源：如果自有运力可以满足需求，则可直接安排装载时间、地点等；如果自有运力不足，则需要组织社会车辆进行补充
2	邻近区域调度	如当日某区域物品配送量超载，需要调整，则安排相邻区域送货车辆协助配送，或者由顺路的较远区域送货车辆协助配送
3	最低成本	配送成本从低到高为安排车辆专送成本→由相邻区域车辆代送成本→由顺路的较远区域车辆代送成本
4	车辆最大容积率	根据物品的重量、体积、性质、包装等因素，配送车辆力求装足核定吨位

任务实施

步骤一 统计日配送数量

豫舟物流中心接到出库通知单后，首先，信息员吴斌生成配送订单；然后，配送部赵峰根据配送订单对当日需配送的物品数量进行统计。

1. 订单录入

信息员吴斌根据出库通知单录入并生成配送订单。

信息员吴斌登录物流统合业务系统，在物流统合业务系统界面单击【订单管理系统】按钮，进入订单管理系统主功能界面。单击【订单录入】→【配送订单】→【新增】按钮，进入新增配送订单界面。填写或选择订单上的信息，将来自豫舟百货中原店和郑花店的配送订单完成，如图 5-2 所示。

图 5-2 配送订单基本信息

2. 提交复核

信息员吴斌完成两个配送订单的录入工作之后，单击【提交复核】按钮，如图 5-3 所示。提交到配送部，配送部赵峰对其进行复核。

图 5-3　提交复核订单

步骤二　安排配送区域

配送部赵峰收到配送订单，安排配送区域，他根据出库通知单了解到配送的区域为豫舟百货中原店，位于郑州市棉纺路1号；豫舟百货郑花店，位于郑州市花园路北段融元广场，如图5-4所示。

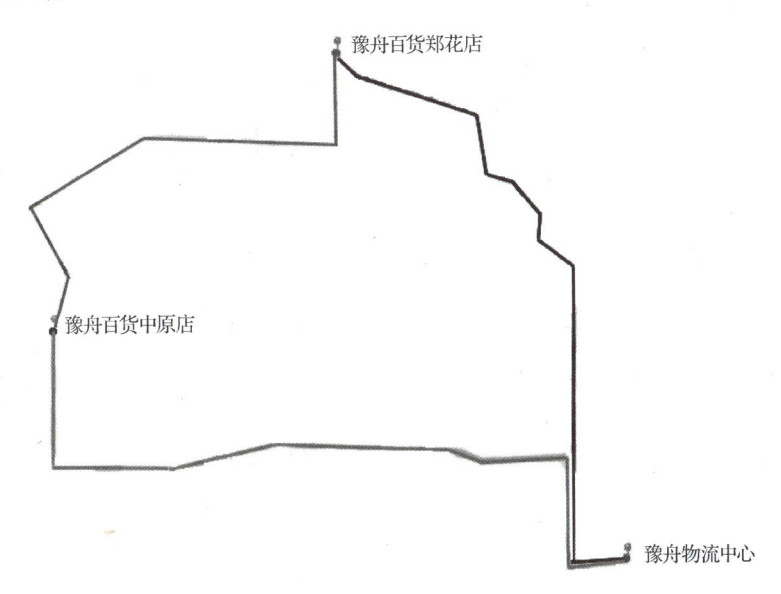

图 5-4　配送路线确定

步骤三　安排配送车辆

在配送订单复核通过后，调度员周强开始安排车辆，进行物品的配送作业，如图5-5所示。

在待派运单列表中，可以看到刚提交过来的配送订单。单击【增加/修改】按钮，添加一个配送调度运力，此时右侧的调度单信息变为可以修改的状态，根据任务情境的要求填写调度单信息，安排司机李飞用车牌号为"豫A19*61"的货车对豫舟百货中原店和郑花店进行配送，如图5-6所示。

单击图5-6中右上角的◆按钮，将该待派运单安排到调度单上，刷新页面，可以发现待派列表为空，证明已将该配送订单交付于该取/派运力，查看取/派调度单列表可知，由司机李飞、货运员（配送员）刘磊共同为豫舟百货中原店和郑花店进行配送，如图5-7所示。

161

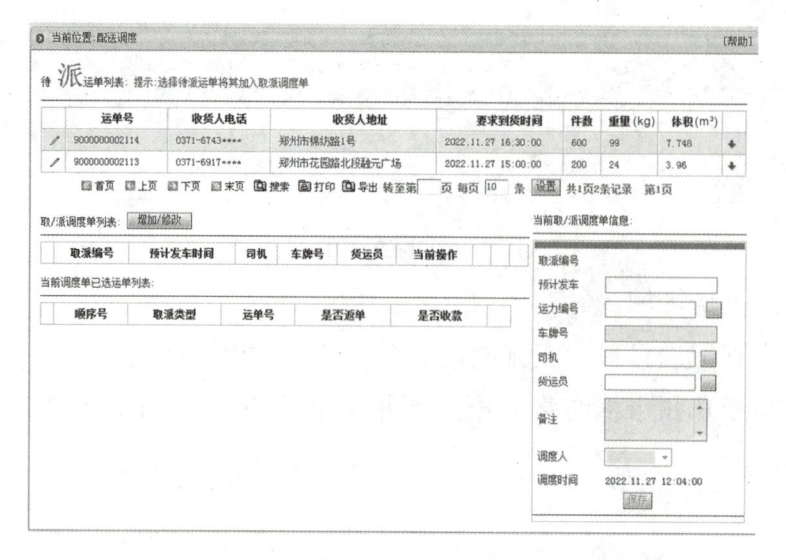

图 5-5　配送调度

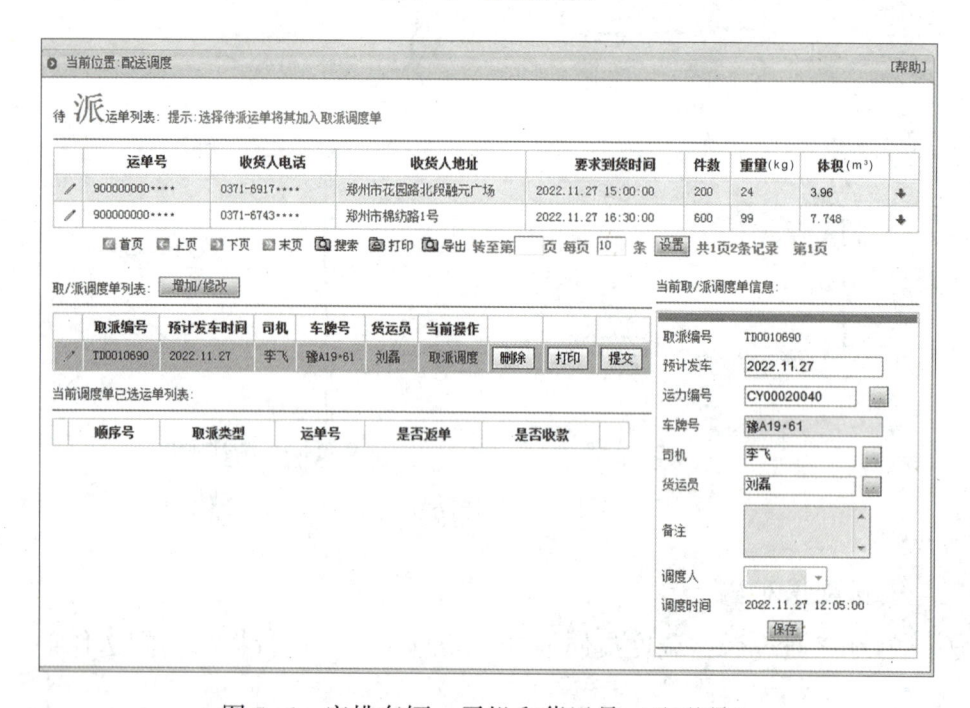

图 5-6　安排车辆、司机和货运员（配送员）

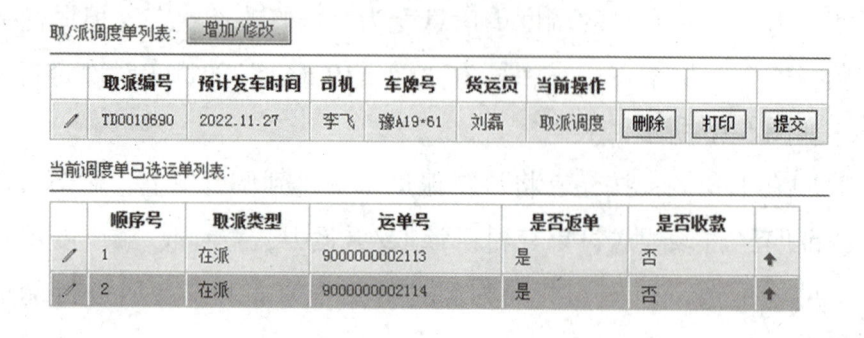

图 5-7　分配配送任务

单击【打印】按钮，可生成与司机李飞、货运员（配送员）刘磊对应的取/派通知单，如表 5-4 所示。李飞和刘磊可持取/派通知单到二号库准备取货。

表 5-4 取/派通知单

取派编号		TD0010690		操作站			
资源	车辆		豫 A19*61	车型			
	操作员		人	预计操作时间		小时	
总数量		800 件	总重量	123kg	总体积	11.708m³	
客户信息							
运单号	顺序号	地址		电话	姓名	类型	是否返单	是否收款
9000000002113	1	郑州市花园路北段融元广场		0371-6917****	郑乾楠	在派	是	否
9000000002114	2	郑州市棉纺路 1 号		0371-6743****	李丹	在派	是	否
物品信息							
运单号		货品名称	件数	重量（kg）	体积（m³）	备注	
9000000002113		华辉莲藕粉	200	24	3.96		
9000000002114		绿箭薄荷味口香糖	100	12	0.48		
9000000002114		联想键盘 K4800S	100	30	3		
9000000002114		联想手机 Y70	100	10	0.48		
9000000002114		飞利浦剃须刀 S3206/09	100	15	0.378		
9000000002114		飞利浦电脑小音箱 SPA20	100	20	1.43		
9000000002114		华辉莲藕粉	100	12	1.98		
填表人：				填表时间：			

步骤四 装车出货

1. 装车

司机李飞、货运员（配送员）刘磊持取/派通知单到达仓库后，配送部赵峰通知操作员金志明准备协助货运员（配送员）刘磊进行装车作业。

货运员（配送员）刘磊根据配送地址的先后顺序制订了装载计划，操作员金志明根据货运员（配送员）刘磊制订的装载计划用叉车将配送物品装进车厢，准备出货，如图 5-8 所示。

图 5-8 装车

2. 交接签单

货运员（配送员）刘磊在将物品装载完毕后，对物品的名称、规格、数量等进行核查，确认无误后在仓管员出具的出库单上签字确认，如表5-5所示。

表5-5 出库单

作业计划单号：

豫舟物流中心　　　　　　　　　　应发数量：800　　　　　　　　　　实发数量：

客户名称：　　　　客户编码：　　　　客户指令号：　　　　日期：

货品名称	条码	规格	单位	应发数量	实发数量	货位号	批	次	备注
绿箭薄荷味口香糖	693990101573	13.5g*20	盒	100					
联想键盘K4800S	693990201574	黑色	个	100					
联想手机Y70	693990301573	L71091	个	100					
飞利浦剃须刀S3206/09	693990401573	干湿双剃	个	100					
飞利浦电脑小音箱SPA20	693990501571	黑色	个	100					
华辉莲藕粉	693990601572	120g	袋	300					

仓管员（签字）：_____　　　　　　　　　　　　　　　　　　　　收货人（签字）：_____

任务评价

内容如表5-6和表5-7所示。

表5-6 小组评价表

班级		小组		
任务名称	车辆调度			
评价项目	评价标准	参考分值	评价得分	
^	^	^	自评	组间互评（平均）	教师评价
任务完成情况及有关内容	按时、操作规范地完成任务	20			
^	具有良好的安全作业观念和环保节约意识	15			
^	具有良好的团队合作精神和创新精神	15			
小计		50			
合计（自评×20%+互评×40%+教师评×40%）				

表 5-7　小组成员评价表

班　级		小　组		姓　名	
任务名称			车辆调度		
评价项目	评价标准	参考分值	评价得分		
			自评	组内互评（平均）	教师评价
职业素养	参与作业任务的精神面貌	5			
	有良好的职业道德、爱岗敬业、吃苦耐劳，具有工匠精神	10			
	有较强的沟通能力和人际关系协调能力	5			
专业知识和技能	掌握相关的专业基础知识	10			
	在小组作业任务完成中能应用所学相关专业知识，发挥专业技能水平，完成作业任务	20			
小计		50			
合计（自评×20%+互评×40%+教师评×40%）					

注：1. 学生实际得分＝小组评价得分+小组成员评价得分。

2. 考评满分为 100 分，59 分及以下为不及格；60～70 分为及格；71～89 分为良好；90 分及以上为优秀。

拓展提升

一、车辆调度的工作内容

车辆调度的工作内容如表 5-8 所示。

表 5-8　车辆调度的工作内容

序　号	内　容	说　明
1	编制配送车辆运行作业计划	包括编制配送方案、配送计划、车辆运行计划总表、日配送计划表、单车运行作业计划等
2	现场调度	按计划调派车辆，签发行车路单；勘查配载作业现场，做好装卸车准备；督促驾驶员按时出车；督促车辆按计划送修送保
3	随时掌握车辆运行信息，进行有效监督	如发现问题，应采取积极措施并及时解决和消除，尽量减少配送中断时间，使车辆按计划正常运行
4	检查计划执行情况	检查配送计划和车辆运行作业计划的执行情况

二、配送车辆模式的选择

配送车辆模式一般有两种选择，如表 5-9 所示。

表 5-9　配送车辆模式的选择

序　号	模　式	说　明
1	直送式配送	一个供应点对一个客户的专门送货。从物流优化的角度来看，其基本条件是客户需求量接近或大于可用车辆的额定载重量和最大容积，专门派一辆或多辆车一次或多次送货；选择最短配送路线，以节约时间和成本，提高配送效率
2	分送式配送	一个供应点对多个客户的共同送货。其基本条件是同一线路上所有客户的需求量之和不大于一辆车的额定载重量和最大容积，由这一辆车装载所有客户的物品，沿着一条精心选择的最佳路线依次将物品送到各个客户手中；可以采用节约里程法确定最佳配送路线

任务二　车辆配装

任务情境

豫舟物流中心收到了公司总部下达的豫舟百货人民路店和花园路店配送任务，出库货品和车辆规格如表5-10和表5-11所示。根据客户的要求，豫舟百货人民路店收货时间为17：00；豫舟百货花园路店收货时间为20：00。配送部赵峰接到订单后开始制订车辆配装计划。

表 5-10　出库货品

出库货品 1——豫舟百货人民路店					
序　号	货品名称	包装材料	数　量	货品性质	包装尺寸
1	LED 展屏	纸箱	3	勿压货	200cm×80cm×40cm
2	地毯	纸皮	4	重货	400cm×23cm×23cm
3	热水器	纸箱	3	重货	150cm×150cm×50cm
4	吉他盒	木箱	2	重货	80cm×70cm×50cm
出库货品 2——豫舟百货花园路店					
序　号	货品名称	包装材料	数　量	货品性质	包装尺寸
1	LED 展屏	纸箱	4	勿压货	200cm×80cm×40cm
2	地毯	纸皮	4	重货	400cm×23cm×23cm
3	热水器	纸箱	3	重货	150cm×150cm×50cm
4	吉他盒	木箱	2	重货	80cm×70cm×50cm

表 5-11　车辆规格

载　重	车厢规格	容　积
2t	420cm×180cm×185cm	13m³

任务要求

1. 了解影响配送车辆装载的因素；
2. 了解提高车辆装载率的具体办法；
3. 熟悉车辆配装的原则。

知识准备

车辆配装主要是将不同客户、不同体积和重量的物品进行合理组配、搭配装载，尽可能达到或接近载重量和最大容积，提高配送效率的方法。

一、影响配送车辆装载的因素

影响配送车辆装载的主要因素如表5-12所示。

表5-12 影响配送车辆装载的主要因素

序 号	影响因素	说 明
1	物品特性	如轻泡物品，由于车辆容积的限制和运行限制（主要是超高）而无法满足吨位，造成吨位利用率降低
2	物品包装情况	如车厢尺寸与物品包装容器的尺寸不是整倍数关系，则无法装满车厢。如物品宽度为80cm，车厢宽度为220cm，将会剩余60cm［220-（80×2）］
3	能否拼装运输	应尽量选派核定吨位与所配送的物品重量接近的车辆进行运输，需注意的是，有些物品按有关规定必须减载运送，比如有些危险品必须减载运送才能保证安全
4	装载技术	由于装载技术的原因，造成不能装足车辆核定吨位

二、提高车辆装载率的具体办法

提高车辆装载率的具体办法如下。

（1）根据客户所需要的物品种类和数量，调派合适的车型装运，这就要求配送中心根据物品特性配备合适的车型。

（2）研究各类车辆的装载标准，根据不同物品和不同包装体积的要求，合理安排装载顺序，努力提高装载技术和操作水平，力求装足车辆核定吨位。

（3）凡是可以拼装配送的，尽可能拼装配送，但要注意避免差错。

三、车辆配装的原则

由于配送物品品种、特性各异，为提高配送效率，确保物品质量，必须首先对特性差异大的物品进行分类。在接到订单后，依特性对物品进行分类，分别采取不同的配送方式和运输工具，如按冷冻食品、速食品、散装物品、箱装物品等分类配装。其次，配送物品也有时间要求，必须初步确定哪些物品可配装于同一辆车，哪些物品不可配装于同一辆车，以做好车辆的初步配装工作，如图5-9所示。

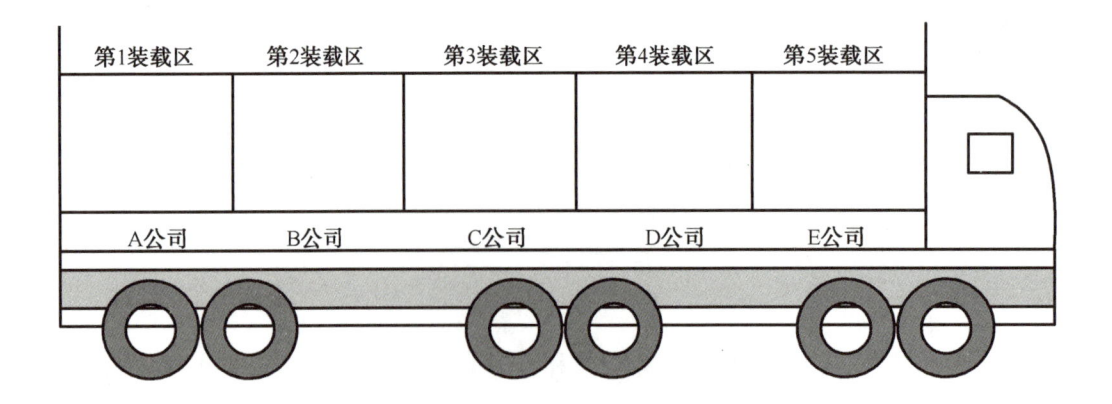

图 5-9　车辆配装示意图

车辆配装时，在遵循先送后装原则的前提下还需注意以下原则。

（1）为了减少或避免差错，应尽量把外观相近、容易混淆的物品分开配装。

（2）重不压轻，大不压小。轻货应放在重货上面，包装强度差的物品应放在包装强度好的物品上面。

（3）散发异味的物品不能与食品混装。

（4）散发粉尘的物品不能与清洁物品混装。

（5）渗水物品不能与易受潮物品混装。

（6）包装不同的物品应该分开装载，如板条箱装物品不能和纸箱装、袋装物品堆放在一起；具有尖角或突出物的物品应和其他物品分开装载或用木板隔开，以免损坏其他物品。

（7）装载卷状、筒状物品，必须垂直摆放，不能横放或倒放。

（8）物品与物品之间、物品与车辆之间应留有空隙并适当衬垫，防止货损。

（9）物品装载完毕后，应在门端处采取适当的稳固措施，以防开门卸货时物品倾倒造成物品损坏或人员伤亡。

四、装车堆积

装车堆积的要求如下。

（1）堆码方式要规律，物品摆放要整齐。

（2）不能堆码得太高。不能堆码得太高的原因有两点：一是受到道路高度限制；二是受到道路运输法规限制。例如，大型货车的高度从地面起不得超过 4m；载重量为 1 000kg 以上的小型货车不得超过 2.5m；载重量为 1 000kg 以下的小型货车不得超过 2m。

（3）物品横向不得超出车厢宽度，前端不得超出车身，后端不得超出车长：大货车不超过 2m；载重量为 1 000kg 以上的小型货车不得超过 1m；载重量为 1 000kg 以下的小型货车不得超过 0.5m。

（4）物品应大小搭配，以充分利用车厢的容积及载重量。

任务实施

步骤一　分析物品性质

配送部赵峰根据送货单将重货和勿压货这两类物品分开。

步骤二　考虑配装原则

根据任务情境的要求，配送部赵峰根据物品重不压轻、大不压小的配装原则，以及物品重量和体积、车厢容积、货车重心及两边重量是否平衡等因素来选择装载工具及确定物品的装载顺序和堆码方式。

步骤三　实施装载计划

1. 确定装载顺序

按照先送后装的原则进行物品的装载，由任务情境中的要求可知先送的订单为豫舟百货人民路店，后送的订单为豫舟百货花园路店。因此，先装载花园路店的物品，后装载人民路店的物品。

2. 装载操作

吉他盒：由于吉他盒的包装材质是木箱，可直接使用叉车装载。

地毯：地毯是超长重货，人工操作难度大，因此选择自动化传送带进行装载，如图 5-10 所示。

热水器和 LED 展屏：这两类物品是纸箱包装，拣货后直接放到托盘上，然后使用叉车进行装载作业。

根据以上实施步骤，可得到装载计划示意图，如图 5-11 所示。

图 5-10　用自动化传送带进行装载

图 5-11　装载计划示意图

步骤四　车厢内物品的安全加固措施

如图 5-11 所示，装载物品之后的车厢是有空隙的，这些空隙在运输中会使物品产生碰撞、移位、挤压等现象，从而使物品受损。因此，物品装载完之后的安全加固措施是必需的。配送部赵峰针对此次配送物品，决定使用活动板进行车厢内物品的加固。活动板有木板、铁板等材质，考虑到物品的性质，可使用木板进行加固，如图 5-12 所示；车厢内物品加固后示意图如图 5-13 所示。

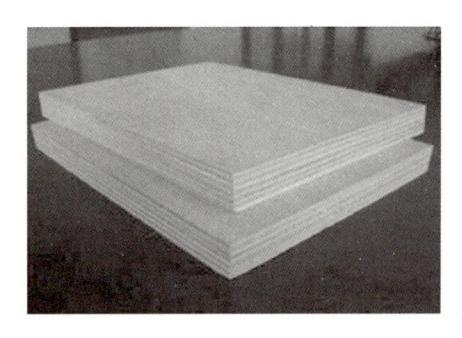

图 5-12　加固木板　　　　　图 5-13　车厢内物品加固后示意图

任务评价

内容如表 5-13 和表 5-14 所示。

表 5-13　小组评价表

班　级		小　组			
任务名称	车辆配装				
评价项目	评价标准	参考分值	评价得分		
^	^	^	自评	组间互评（平均）	教师评价
任务完成情况及有关内容	按时、操作规范地完成任务	20			
^	具有良好的安全作业观念和环保节约意识	15			
^	具有良好的团队合作精神和创新精神	15			
小计		50			
合计（自评×20%+互评×40%+教师评×40%）					

表 5-14　小组成员评价表

班　级		小　组		姓　名		
任务名称	车辆配装					
评价项目	评价标准	参考分值	评价得分			
^	^	^	自评	组内互评（平均）	教师评价	
职业素养	参与作业任务的精神面貌	5				
^	有良好的职业道德，爱岗敬业、吃苦耐劳，具有工匠精神	10				
^	有较强的沟通能力和人际关系协调能力	5				
专业知识和技能	掌握相关的专业基础知识	10				
^	在小组作业任务完成中能应用所学相关专业知识，发挥专业技能水平，完成作业任务	20				
小计		50				
合计（自评×20%+互评×40%+教师评×40%）						

注：1. 学生实际得分=小组评价得分+小组成员评价得分。

　　2. 考评满分为 100 分，59 分及以下为不及格；60～70 分为及格；71～89 分为良好；90 分及以上为优秀。

拓展提升

一、车辆装载的基本要求

车辆装载的基本要求是快速、省力、节能、低成本、减少损失，具体要求如下。

（1）装载前应对车厢进行检查和清扫。

（2）确定最恰当的装载方式。

（3）合理配置和使用装载工具。

（4）力求减少装载次数。

（5）防止物品装载时的混杂、散落、漏损、砸撞。

（6）装载的物品必须数量准确，码放整齐，标志向外，箭头向上，捆扎牢靠，做好防丢措施。

（7）提高物品集装化或散装化作业水平。

（8）做好装载现场组织工作。

二、物品拼装应注意的问题

物品拼装应注意以下几点。

（1）液体不与固体拼装。

（2）毒害物品不与食品拼装。

（3）有不良气味的物品不与茶叶、香烟、大米等物品拼装。

（4）危险物品不与一般物品拼装。

（5）潮湿、防雨设备不良的车厢不装粮食、绸布、纸张等怕湿物品。

（6）易碎物品、易磨损的袋装物品不与包装不规则的笨重及贵重物品拼装。

（7）挂车不装易碎、怕震及贵重物品。

任务三　送货

任务情境

豫舟物流中心（P）同时要向6个客户（A~F）配送货物，各客户的需求量如表5-15所示。豫舟物流中心到各客户的距离及各客户之间的距离如图5-14所示。图5-14中括号内的数字表示客户的需求量（单位：t），线上的数字表示两个客户之间的距离（单位：km）。现要利用5t的厢式货车，将货物配送到各个客户手中。配送部赵峰要利用节约里程法确定最佳配送路线，然后安排送货。

说明：（1）满足所有客户的要求；（2）车辆不能超载。

表 5-15　各客户的需求量

客户名称	A	B	C	D	E	F
需求量	2.9	0.8	1.2	3.0	1.1	0.6

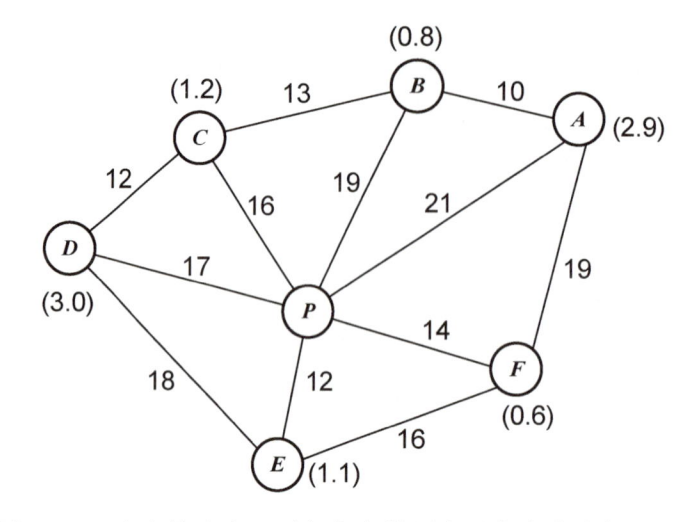

图 5-14　豫舟物流中心到各客户的距离及各客户之间的距离

任务要求

1. 能够使用节约里程法确定最佳配送路线；
2. 了解送货路线的确定方法。

知识准备

节约里程法是为达到高效率的配送，使配送的距离最短、时间最少、成本最低，而寻找的最佳配送路线。

1. 节约里程法的原理

节约里程法是根据配送中心的运输能力、配送中心到各客户的距离及各客户之间的距离，来制订使总的车辆配送吨公里数达到或接近最小的配送方案的一种方法，其原理为三角形两边之和必定大于第三边，如图 5-15 所示。

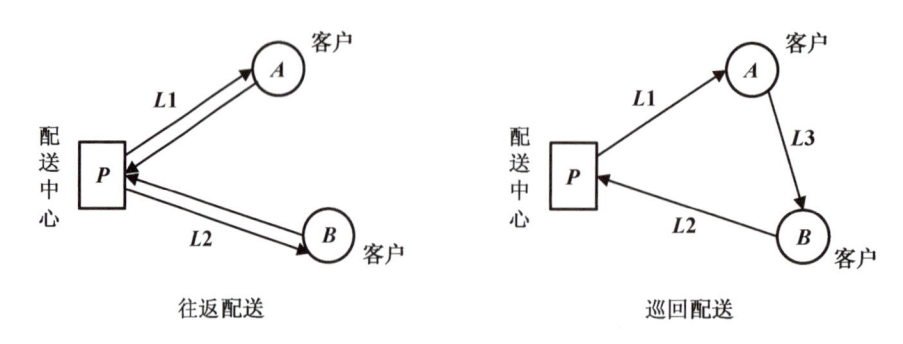

图 5-15　节约里程法的原理

在车辆载重量允许的情况下，采用巡回配送比采用往返配送可节约的车辆行走里程为

$$\Delta L = [2\times(L1+L2)] - (L1+L2+L3) = L1+L2-L3$$

2. 使用节约里程法的步骤

（1）求出配送中心到各客户的距离及各客户之间的最短距离；

（2）根据节约里程公式，求出节约的里程数；

（3）按节约里程数的大小顺序排序；

（4）根据节约里程数的大小与载重量的约束，顺序连接各客户节点，形成配送路线。

任务实施

步骤一　确定最佳配送路线

（1）求出配送中心到各客户的距离及各客户之间的最短距离，如图 5-16 所示。

	P					
A	21	A				
B	19	10	B			
C	16	23	13	C		
D	17	35	25	12	D	
E	12	33	31	28	18	E
F	14	19	29	30	31	16

图 5-16　配送中心到各客户的距离及各客户之间的最短距离

（2）根据节约里程公式，求出节约的里程数，如图 5-17 所示。

	A				
B	30	B			
C	14	22	C		
D	3	11	21	D	
E	0	0	0	11	E
F	16	4	0	0	10

图 5-17　节约的里程数

（3）按节约里程数的大小顺序排序，如表 5-16 所示。

表 5-16　节约里程数排序

序　号	连　接　点	节约里程	序　号	连　接　点	节约里程
1	A～B	30	6	B～D	11
2	B～C	22	7	D～E	11
3	C～D	21	8	E～F	10
4	A～F	16	9	B～F	4
5	A～C	14	10	A～D	3

(4) 根据节约里程数的大小与载重量的约束，顺序连接各客户节点，形成配送路线。

配送路线Ⅰ：$P\rightarrow C\rightarrow B\rightarrow A\rightarrow P$

运行距离：16+13+10+21=60（km）

装载量：1.2+0.8+2.9=4.9（t）（<5t）

配送路线Ⅱ：$P\rightarrow D\rightarrow E\rightarrow F\rightarrow P$

运行距离：17+18+16+14=65（km）

装载量：3+1.1+0.6=4.7（t）（<5t）

运行总距离：60+65=125（km），需要2辆5t汽车

最佳配送路线如图5-18所示。

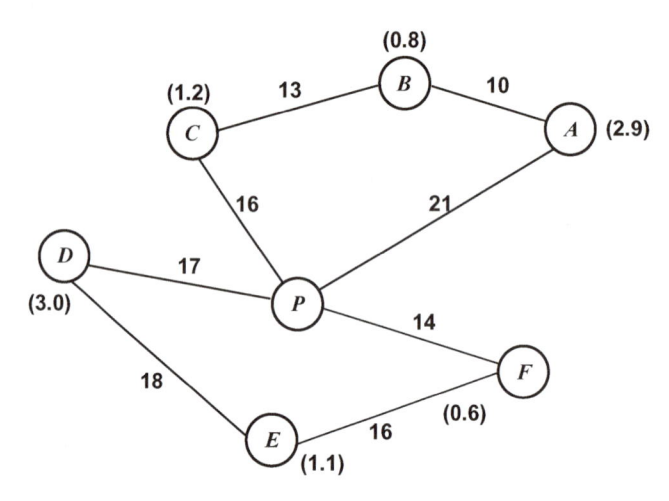

图5-18 最佳配送路线

步骤二 出站扫描

配送部赵峰设计好配送路线，便开始安排车辆装载，装载完毕后，在出站时需要进行一次扫描，以再次确认所装载物品的数量。此时系统界面的"当前操作"显示为"出站扫描"，如图5-19所示。

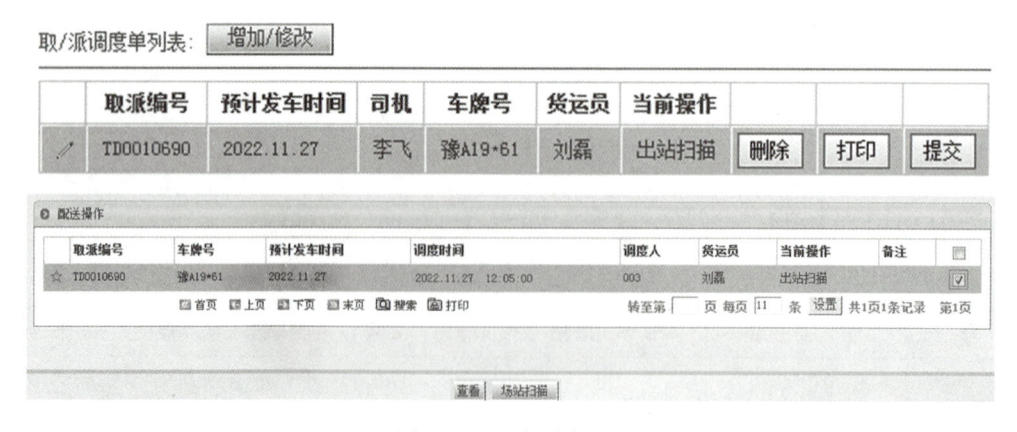

图5-19 出站扫描

扫描后会自动显示车上所装载物品的信息，此信息会传到信息员吴斌处。吴斌在出站操作界面可以看到运单信息、物品数量等，与出库单信息进行核对，确认无误后单击【直接出站】按钮完成配送车辆出站扫描操作。

步骤三　送货

司机李飞、货运员（配送员）刘磊根据制订好的配送计划，按照既定的配送路线开始送货，即按照如图 5-18 所示的配送路线进行送货。

任务评价

内容如表 5-17 和表 5-18 所示。

表 5-17　小组评价表

班　级		小　组			
任务名称		送货			
评价项目	评价标准	参考分值	评价得分		
			自评	组间互评（平均）	教师评价
任务完成情况及有关内容	按时、操作规范地完成任务	20			
	具有良好的安全作业观念和环保节约意识	15			
	具有良好的团队合作精神和创新精神	15			
	小计	50			
合计（自评×20%+互评×40%+教师评×40%）					

表 5-18　小组成员评价表

班　级		小　组		姓　名		
任务名称		送货				
评价项目	评价标准	参考分值	评价得分			
			自评	组内互评（平均）	教师评价	
职业素养	参与作业任务的精神面貌	5				
	有良好的职业道德，爱岗敬业、吃苦耐劳，具有工匠精神	10				
	有较强的沟通能力和人际关系协调能力	5				
专业知识和技能	掌握相关的专业基础知识	10				
	在小组作业任务完成中能应用所学相关专业知识，发挥专业技能水平，完成作业任务	20				
	小计	50				
合计（自评×20%+互评×40%+教师评×40%）						

注：1. 学生实际得分=小组评价得分+小组成员评价得分。
　　2. 考评满分为 100 分，59 分及以下为不及格；60～70 分为及格；71～89 分为良好；90 分及以上为优秀。

拓展提升

一、配送路线的确定方法

确定配送路线的方法有很多，要根据配送物品的数量和特性、客户的地理位置、距离、交通状况、运送成本、客户对配送服务的时间要求等因素具体确定，常见的如

表 5-19 所示。

表 5-19 常见的配送路线确定方法

序 号	方 法	说 明
1	经验判断法	利用行车人员的经验来选择配送路线的一种主观判断方法，一般以司机习惯行驶路线和道路行驶规定等为基本标准，拟订出几个不同的配送路线方案。这种方法尽管缺乏科学性，易受掌握信息详尽程度的限制，但运作方式简单、快速、方便
2	加权评分法	能够拟订出多个配送路线方案，并且评价指标明确，只是部分指标难以量化，或对某一项指标有突出的强调与要求，可采用加权评分的方式确定配送路线。步骤：（1）拟订配送路线方案；（2）确定评价指标；（3）对方案进行综合评分
3	数学计算法	如果配送路线的影响因素可以用某种确定的数学关系表达，则采用数学计算法对配送路线方案进行优化。比较成熟的方法有节约里程法等

二、影响送货作业的因素

影响送货作业的因素很多，有配送客户的分布区域、道路交通网络、车辆运行限制等静态因素；也有车流量变化、道路施工、配送客户的变动、可供调动的车辆变动等动态因素。各种因素互相影响，很容易导致送货不及时。在众多因素中，配送路线的选择尤为重要，不仅影响配送的效率，还直接影响配送的成本。

配送路线的约束条件一般有以下几个。

（1）满足所有收货人对物品品种、规格、数量的要求；

（2）满足收货人对物品送达时间范围的要求；

（3）在允许通行的时间内进行配送；

（4）各配送路线的物品总量不超过车辆容积和载重量的限制；

（5）在配送中心现有运力允许的范围内。

任务四　交单签收

任务情境

2022 年 11 月 27 日 15：00，豫舟物流中心司机李飞和货运员（配送员）刘磊按照计划好的路线按时来到豫舟百货郑花店。豫舟百货郑花店收货人郑乾楠开始组织人员对送来的物品进行验收。

在豫舟百货郑花店验收并交接完毕后，他们立即前往豫舟百货中原店进行配送。

任务要求

1. 掌握交单签收作业流程；
2. 了解交单签收的注意事项。

知识准备

交单签收是指配送车辆将物品送达客户后，客户根据订单核对物品、清点数量、检查包装和质量，经检查核对无误后在送货单上签字确认的作业过程。

一、交单签收作业流程

以城市连锁经营企业为例，交单签收作业流程如图 5-20 所示。

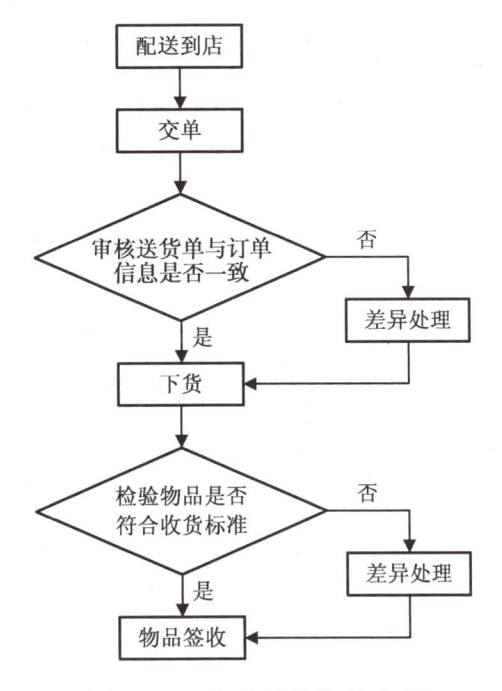

图 5-20 交单签收作业流程

二、交单签收的注意事项

交单签收时有一些注意事项，如表 5-20 所示。

表 5-20 交单签收的注意事项

序 号	注意事项	说 明
1	卸货堆叠	（1）整箱货与零散货要分开堆放； （2）堆叠时要注意物品包装的承载重量，做到重不压轻、大不压小； （3）堆叠要考虑物品性质，特殊物品如冷冻物品等需单独堆放且尽量减少物品非低温环境放置时间
2	交货清点	（1）物品的交接应先贵重，后普通； （2）开箱核对订单明细，并检查物品质量
3	其他	（1）物品的安全性； （2）单据的完整性； （3）确认无误后，双方在送货单上签字确认

任务实施

步骤一　交单签收

1. 配送到店

配送车辆到达豫舟百货郑花店后，在门店相关人员的指引下将车辆停放在相应的位置。

2. 交单

货运员（配送员）刘磊将送货单交给门店收货员，收货员认真核对送货单信息与订单信息是否一致。如果发现物品名称、数量、规格、价格等信息不一致，则需要和货运员（配送员）刘磊进行差异处理。

3. 下货

核对送货单信息和订单信息一致后，操作员从配送车辆上卸下该门店的物品。

4. 验货

收货员根据订单对卸下的物品进行检验，包括物品的包装、品种、规格、数量、质量等信息，如果发现物品不符合验收标准，可以拒绝签收。

5. 签收

确认物品无误后，收货员需在货运员（配送员）刘磊的送货单上签字确认，如表5-21所示。

表5-21　送货单

收货单位：豫舟百货郑花店　　　　　运单号：9000000002113
收货地址：郑州市花园路北段融元广场　送货时间：2022.11.27

序号	货品名称	数量	单位	单价（元）	金额（元）	备注
1	华辉莲藕粉	200	袋	2.5	500	
2						
3						
4						
5						
6						
	总计				500.00	

（大写）　万　仟　伍　佰　零　拾　零　元　零　角　零　分　小写：¥500.00

备注：

制表人：　　送货人：刘磊　　　收货单位及验收人（盖章）：郑乾楠

第一联：存根　第二联：客户　第三联：财务

步骤二　在系统上签收确认

将物品送到收货人手中并签字确认后，还需要在配送管理系统上进行签收操作。货运员（配送员）刘磊利用手持终端登录配送管理系统，进入主功能界面。单击【配送管理】按钮，在打开的下级界面中单击【配送签收】按钮，进入配送签收界面，填写签收人信息和签收时间，单击 按钮进行签收确认，如图 5-21 所示。

图 5-21　配送签收确认

步骤三　继续进行配送

为豫舟百货郑花店配送完毕后，按照既定路线为豫舟百货中原店进行配送。

任务评价

内容如表 5-22 和表 5-23 所示。

表 5-22　小组评价表

班　级		小　组			
任务名称	交单签收					
评价项目	评价标准	参考分值	评价得分		
^	^	^	自评	组间互评（平均）	教师评价
任务完成情况及有关内容	按时、操作规范地完成任务	20			
^	具有良好的安全作业观念和环保节约意识	15			
^	具有良好的团队合作精神和创新精神	15			
	小计	50			
	合计（自评×20%＋互评×40%＋教师评×40%）				

表 5-23　小组成员评价表

班　级		小　组		姓　名		
任务名称	交单签收						
评价项目	评价标准	参考分值	评价得分		
^	^	^	自评	组内互评（平均）	教师评价
职业素养	参与作业任务的精神面貌	5			
^	有良好的职业道德，爱岗敬业、吃苦耐劳，具有工匠精神	10			
^	有较强的沟通能力和人际关系协调能力	5			
专业知识和技能	掌握相关的专业基础知识	10			
^	在小组作业任务完成中能应用所学相关专业知识，发挥专业技能水平，完成作业任务	20			
	小计	50			
	合计（自评×20%＋互评×40%＋教师评×40%）				

注：1. 学生实际得分＝小组评价得分＋小组成员评价得分。

　　2. 考评满分为 100 分，59 分及以下为不及格；60～70 分为及格；71～89 分为良好；90 分及以上为优秀。

拓展提升

永鑫超市物品的验收

一、店内验收种类

（1）物品验收：供应商货源、自采货源验收。

（2）促销赠品、低值易耗品验收：包括销售赠品、促销赠品验收；易耗品验收：办公用品、日常生活用品等的验收。

二、配送中心收货流程

（一）物品验收标准

（1）供应商所配送物品符合卫生部门标准，持有相关物品证件。

（2）供应商所配送物品是配送中心人员报缺货、按数量和名称配送的货源。

（3）供应商所配送物品必须是质量达标、包装达标、生产日期和保质期达标的物品。

（4）首次供货的供应商必须与业务经理洽谈物品价格，填写新品信息单，然后递交总经理处。总经理审核并签字后，由收货人员验收货源的数量、质量并签字后，递交信息员进行计算机录入并打印验收单，供应商留存第二联以便每月结账，第一、第三联留存财务部，以便结账时与供应商对账。配送中心将验收通过的货源配送到各超市，由超市负责人员根据配送中心打印的配送单收货，并核查是否与配送货源一致。新品收货流程如图5-22所示。

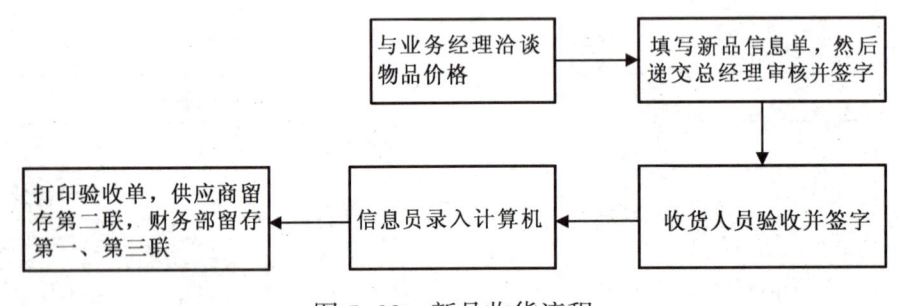

图5-22　新品收货流程

（5）验收内容标准。验收内容包括物品名称、条码、价格、规格、生产日期、保质期、数量和质量八个方面。对有明显质量问题的物品或假冒伪劣物品，应该直接拒收。

（6）严格按单收货的原则。

① 供应商所配送物品如与验收单不一致，直接拒收。

② 各分店如发现配送中心所配送物品少于订货单数量，应先按实际数量验收，并及时将情况告知配送中心，立即追补；如多于订货单数量，则必须经业务经理同意并对多出部分追补配送单才可收货，否则应将多出部分退回。

（7）先退/换货后收货的原则。配送中心在供应商验收物品前，要查清是否有其供应

商的相同物品需要退/换货，如有，则应先退/换物品再收货。直接上架物品的收货量与各超市货架陈列容量要相当并予以控制。

（8）附则。各超市要求物品编码时，由办公室信息员及时下发数量相等的店内编码，各超市物品统一编码、统一价格。

（9）物品调整。对于供应商要求调价的物品，必须由供应商填写售价调整单，递交业务经理审核签字，再由总经理确定最终价格。签字后转交信息员，给予售价调整，并通知各超市接收物品。

（10）各超市收货。超市柜组在执行物品上架理货或销售管理过程中，若发现物品有质量问题，应由超市经理跟进并与配送中心共同处理。

（二）促销赠品、低值易耗品验收

1. 促销赠品的验收

促销赠品按物品验收程序由收货人员和业务经理共同验收。供应商送货时，促销赠品一般是和销售物品捆扎在一起的，无法捆扎的赠品在仓库验收后调入各超市时，各超市应填好促销物品登记表，领取并粘贴"促销赠品"标志后，方可进入卖场。顾客购物后凭收银小票到前台或服务台领取促销赠品（促销赠品统一存放到服务台）。

2. 低值易耗品的验收

低值易耗品（拖把、扫帚等）由各超市店长向办公室人员上报短缺数量，办公室人员上报总经理，同意后，统一采购，然后由配送人员收货和验收，并存放到仓库。业务经理签字后，再配送到各超市。

（三）物品调拨

其中一个超市短缺某物品且其他超市量大，或各超市的某物品都量小，可执行物品调拨程序。

（1）各超市直接调拨：超市店长首先把要求调拨的物品按条码、名称、数量、规格统计完毕后，填写理货表，打印物品调拨单。调拨门店的名称要详细，要求理货员和店长签字。

（2）配送中心统一调拨：对于各超市都量小、不集中的物品，必须集中到一个超市销售，由业务经理及各店长签字后方可调拨。

任务五　返品处理

任务情境

2022年11月27日16:30，豫舟物流中心司机李飞和货运员（配送员）刘磊来到豫舟百货中原店，收货人李丹在组织物品验收时发现有一箱华辉莲藕粉的运输包装和内包装出现了破损，影响到了销售，便对这箱物品提出退货申请。除了这箱华辉莲藕粉，其他物品都进行了正常的验收交接。

任务要求

1. 掌握返品处理作业流程；
2. 了解产生退货的原因；
3. 熟悉退货的处理方法。

知识准备

返品处理是指经过一系列清点、核对、检查程序后，货运员（配送员）将客户退货和相关单据带回物流（配送）中心的过程。返品处理属于逆向物流的一部分。将差异物品正确、安全地返回物流（配送）中心，是仓储业务和物流服务的重要组成部分。返品处理质量的好坏不仅影响客户满意度，还关系着企业本身物流成本的高低和效益的好坏。

一、返品处理作业流程

以城市连锁经营企业为例，返品处理作业流程如图 5-23 所示。

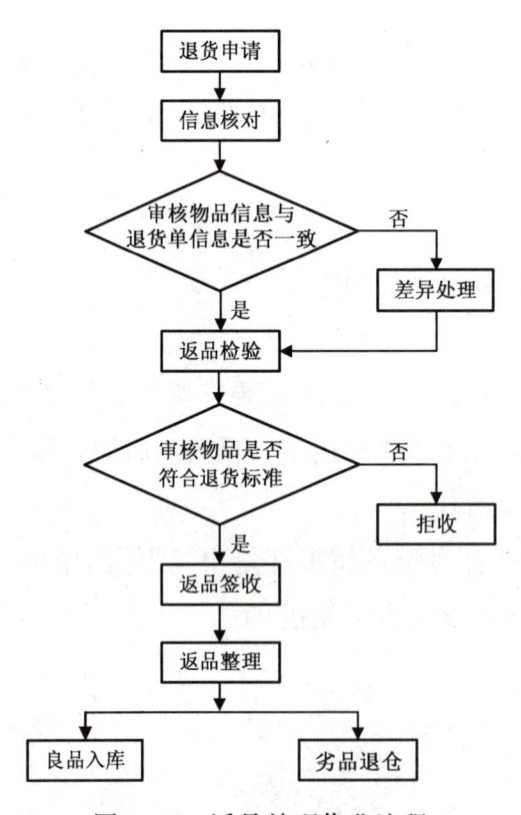

图 5-23 返品处理作业流程

二、产生退货的原因

一般情况下，产生退货的原因如表 5-24 所示。

表 5-24 产生退货的原因

序 号	原 因	说 明
1	协议退货	对于与物流（配送）中心有特别协议的季节性物品、试销物品、代销物品等，协议期满后，剩余物品退给物流（配送）中心
2	物品有质量问题	对于不符合质量要求的物品，接收单位提出退货，物流（配送）中心也将接受退货
3	搬运途中损坏	物品在搬运过程中造成包装破损或污染，物流（配送）中心将接受退货
4	物品过期	食品及有保质期的物品在送达接收单位时或销售过程中超过物品的保质期时，物流（配送）中心接受退货
5	物品送错	送达客户的物品不是订单所要求的物品，如物品条码、品项、规格、重量、数量等与订单不符，物流（配送）中心必须接受退货
6	物品存在内在缺陷而必须进行全面召回	国家强制性标准不达标的物品，或对人身和财产有安全隐患的物品必须按照国家有关规定实施召回
7	物品需要维修、重新调试或升级换代而引起的物品回流	有些送达客户的物品由于需要维修、重新调试或升级换代，物流（配送）中心也必须接受退货

三、退货处理方法

由不同原因引起的退货有不同的处理方法，具体情况如表 5-25 所示。

表 5-25 退货处理方法

序 号	方 法	说 明
1	无条件重新送货	对于发货人发生的错误，应由发货人调整送货方案，将错发物品调回，重新按正确的订货单送货，中间发生的所有费用应由发货人承担
2	运输单位赔偿	对于运输途中物品受到损坏而发生的退货，根据退货情况，由发货人确定所需的修理费用或赔偿金额，然后由运输单位负责赔偿
3	收取费用，重新送货	由于客户的原因导致退货的，收取客户费用，再根据新的订货单重新发货
4	重新送货或送替代品	对于有缺陷物品，客户要求退货的，物流（配送）中心应立即采取措施，再根据客户新的订货单配送没有缺陷的同一种物品或替代品

任务实施

步骤一 退货申请

豫舟百货中原店收货人李丹提交了退货申请表，如表 5-26 所示。

183

表 5-26　退货申请表

客户：豫舟百货中原店　　　　　　　　　　　　　　　　　　　　　　　　　时间：2022.11.27

配送单号	货品名称	包　　装	规　　格	配送数量	退货数量	单价（元）	金额（元）
9000000002114	华辉莲藕粉	袋	120g	100	30	2.5	75
退货原因	未订此货□　　质量问题□　　包装破损☑　　规格错误□　　其他□							
备注								

注：退货申请表一式三联，客服、财务、客户各持一联。

豫舟百货中原店收货人除了要填写退货申请表外，还要在货运员（配送员）刘磊带来的送货单上签字确认，如表5-27所示。

表 5-27　送货单

收货单位：豫舟百货中原店　　　　　　　　运单号：9000000002114

收货地址：郑州市棉纺路1号　　　　　　　送货时间：2022.11.27

序　号	货品名称	数　量	单　位	单价（元）	金额（元）	备　注
1	绿箭薄荷味口香糖	100	盒	5	500	
2	联想键盘 K4800S	100	个	98	9 800	
3	联想手机 Y70	100	个	98	9 800	
4	飞利浦剃须刀 3206/09	100	个	102	10 200	
5	飞利浦电脑小音箱 SPA20	100	个	95	9 500	
6	华辉莲藕粉	100	袋	2.5	250	有破损
总　　计					40 050	
（大写）　肆　万　零　仟　零　佰　伍　拾　零　元　零　角　零　分　　小写：￥40 050.00						
备注：有30袋华辉莲藕粉包装破损，请求退货						
制表人：　　　　　送货人：刘磊　　　　　收货单位及验收人（盖章）：李丹						

第一联：存根　　第二联：客户　　第三联：财务

步骤二　返品验收

1. 信息核对

退货验收员李岩根据货运员（配送员）刘磊带回的退货申请表核对退货物品的名称、数量、规格等信息，如果信息不符，则需要和货运员（配送员）刘磊进行差异处理。

2. 返品检验

信息核对一致后，退货验收员李岩对货运员（配送员）刘磊从豫舟百货中原店申请退回的一箱华辉莲藕粉进行检验，确认包装破损影响销售，然后填制了退货物品报告单，如表5-28所示。

表 5-28　退货物品报告单

退/换货名称	数　量	单　位	要求退/换货	验　收　情　况
华辉莲藕粉	30	袋	退货☑　换货☐	合格☐　不合格☑
退货原因说明： 　　销售包装破损，影响物品销售。					
退货验收员签字：	仓库主管签字：			
^	是否入库：同意☐　不同意☐			

备注：退货物品报告单一式三联，仓库、财务、客户各持一联。

3. 返品签收

返品确认无误后，退货验收员李岩需在货运员（配送员）刘磊的退货物品报告单上签字确认。

4. 返品整理

返品验收后需要先整理然后放在指定的区域。

步骤三　退货入库

货运员（配送员）刘磊将退货申请表和退货物品报告单送至仓储部找主管审批，审批通过后填写正式的退货单，如表 5-29 所示。货运员（配送员）刘磊持仓库主管签字的退货单到仓储部办理入库手续。

表 5-29　退货单

货品名称	数　量	单　位	单价（元）	金额（元）	退货原因
华辉莲藕粉	30	袋	2.5	75	包装破损
仓库主管（签字）：王朝辉				制单：	

备注：退货单一式三联，仓库、财务、客户各持一联。

任务评价

内容如表 5-30 和表 5-31 所示。

表 5-30　小组评价表

班　级		小　组			
任务名称	返品处理				
评价项目	评价标准	参考分值	评价得分		
^	^	^	自评	组间互评（平均）	教师评价
任务完成情况 及有关内容	按时、操作规范地完成任务	20			
^	具有良好的安全作业观念和环保节约意识	15			
^	具有良好的团队合作精神和创新精神	15			
小计		50			
合计（自评×20%+互评×40%+教师评×40%）					

表 5-31 小组成员评价表

班　级		小　组		姓　名	
任务名称			返品处理		
评价项目	评价标准	参考分值	评价得分		
			自评	组内互评（平均）	教师评价
职业素养	参与作业任务的精神面貌	5			
	有良好的职业道德，爱岗敬业、吃苦耐劳，具有工匠精神	10			
	有较强的沟通能力和人际关系协调能力	5			
专业知识和技能	掌握相关的专业基础知识	10			
	在小组作业任务完成中能应用所学相关专业知识，发挥专业技能水平，完成作业任务	20			
小计		50			
合计（自评×20%＋互评×40%＋教师评×40%）					

注：1. 学生实际得分＝小组评价得分+小组成员评价得分。

2. 考评满分为100分，59分及以下为不及格；60～70分为及格；71～89分为良好；90分及以上为优秀。

拓展提升

一、返品验收中不可退的一般标准

下列情况下，物品不可退。

（1）所退物品缺少、内配件缺少；

（2）所退物品包装变形，外观受损、脏污；

（3）超过规定的退货时间；

（4）无发货单或发票、收据丢失；

（5）发货单、发票、收据脏污、被损坏、被涂改等；

（6）由于客户自身原因造成的退货。

二、返品处理应注意的事项

1. 返品验收的注意事项

（1）返品在到达物流（配送）中心后，不拆箱验收，只清点退货单上的物品总件数，检查外包装箱的完整性，验收无误后确认退货交接。对于外包装箱破损或封口被动过的，物流（配送）中心必须做记录并当场查验箱内物品与封箱明细是否相符，无误后重新进行封箱处理。对于集中进行的大量退货（退货件数大于500件），物流（配送）中心可以要求客户派人员协助办理。

（2）返品必须按照到达物流（配送）中心的时间先后，逐车、逐客户地进行验收，并在两日内完成验收及单据确认工作。

2. 返品堆放的注意事项

（1）返品卸载后，必须按客户、车次分开放置；客户与客户之间、同客户不同车次之间要有明确的界限，不得混放，以免验收不清。

（2）返品整理好后需摆放整齐，标志朝外，便于查看和区分。

巩固提高

一、判断题（正确的打"√"，错误的打"×"）

1. 配送车辆应全部由公司提供，租车辆不利于公司发展。（　　）

2. 为了防止货损，物品与车辆之间应留有空隙并适当衬垫。（　　）

3. 分送式配送要求同一线路上所有客户的需求量之和不大于一辆车的额定载重量和最大容积。（　　）

4. 卸货作业过程中为了节省装卸时间，可以将物品随便堆放。（　　）

5. 对于配有赠品的物品，退货时如果缺少赠品也可退。（　　）

6. 审核回单时，要确认回单是否为有效回单。（　　）

二、单项选择题

1. 客户收货时，验货确认的过程是（　　）。

    A. 调度　　　　　B. 签收　　　　　C. 收/退货　　　　　D. 核单

2. 以下关于车辆配装的说法，错误的是（　　）。

    A. 散发粉尘的物品不能与清洁物品混装

    B. 渗水物品不能与易受潮物品混装

    C. 装载卷状、筒状物品，必须垂直摆放

    D. 物品与物品之间要紧挨着，以节省空间

3. 一个供应点对一个客户的专门送货的配送方式是（　　）。

    A. 直送式配送　　　B. 分送式配送　　　C. 混合式配送　　　D. 间接式配送

4. 对于有缺陷物品，客户要求退货的，物流（配送）中心应采取（　　）的退货处理方法。

    A. 无条件重新送货　　　　　　　　B. 运输单位赔偿

    C. 收取费用，重新送货　　　　　　D. 重新送货或送替代品

5. 退货验收员根据货运员（配送员）带回的退货申请表核对退货物品信息，并对退货物品报告单进行签字确认的过程被称为（　　）。

    A. 整理　　　　　B. 良品入库　　　　　C. 劣品退仓　　　　　D. 返回验收

6. 返品堆放的注意事项不包括（　　）。

    A. 必须按客户分开放置

    B. 必须按车次分开放置

    C. 必须按物品包装类型分开放置

D. 必须使同客户不同车次之间有明确的界限

三、多项选择题

1. 配送车辆调度原则包括（　　）。

　　A. 合适原则　　　　　　　　　　B. 邻近区域调度原则

　　C. 最低成本原则　　　　　　　　D. 车辆最大容积原则

　　E. 搭配装载原则

2. 配送路线的约束条件包括（　　）。

　　A. 满足所有收货人对物品品种、规格、数量的要求

　　B. 满足收货人对物品送达时间范围的要求

　　C. 在配送中心现有运力允许的范围内

　　D. 各配送路线的物品总量不超过车辆容积和载重量的限制

　　E. 在允许通行的时间内进行配送

3. 卸货堆叠时要注意物品包装的承载重量，做到（　　）。

　　A. 轻不压重　　B. 重不压轻　　C. 小不压大　　D. 大不压小

　　E. 先送先装

4. 返品验收中不可退的情况是（　　）。

　　A. 物品有质量问题　　　　　　　B. 无发货单或发票、收据丢失

　　C. 超过规定的退货时间　　　　　D. 所退物品包装变形，外观受损、脏污

　　E. 由于客户自身原因造成的退货

5. 以下返品差异处理正确的是（　　）。

　　A. 货运员（配送员）在交接退货差异时必须与退货部收货员当面点清

　　B. 货运员（配送员）不可将差异单据撕毁或带走

　　C. 退货部收货员发现实物与单据不符时必须交货运员（配送员）当面处理

　　D. 退货部收货员发现实物与单据不符时无须交货运员（配送员），可自行处理

　　E. 货运员（配送员）不可与退货员争执，如有疑问可向退货组上级管理人员反映情况

6. 返品验收的流程包括（　　）。

　　A. 信息核对　　B. 返品检验　　C. 返品签收　　D. 返品整理

　　E. 返品申请

四、思考题

1. 小王最近在一家物流公司从事配送工作，发现在配送作业中，调度作业是"中枢神经"，起到统领全过程的作用。请问调度作业的主要步骤包含哪些？

2. 李经理在接收物流（配送）中心送来的一批美的电饭煲时，发现其中有几个包装箱压扁、破损，影响销售。于是，货运员（配送员）将这几个包装受损的美的电饭煲带回。试问物流（配送）中心返品处理人员面对这种情况应该如何处理？

五、技能训练题

1. 已知物流中心 P_0 向 5 个客户配送货物，客户需求量及物流（配送）中心到各客户的距离及各客户之间的距离如表 5-32 和图 5-24 所示。图 5-24 中括号内的数字表示客户的需求量（单位：t），线路上的数字表示各客户之间的距离（单位：km）。配送中心有 3 台 2t 卡车和 2 台 4t 卡车可供使用。

（1）试利用节约里程法制订最优的配送路线方案；

（2）设卡车行驶的平均速度为 40km/h，试比较优化后的方案可比单独为各客户送货节约多少时间？

表 5-32 客户的需求量

客户名称	P_1	P_2	P_3	P_4	P_5
需求量	1.5	1.7	0.9	1.4	2.4

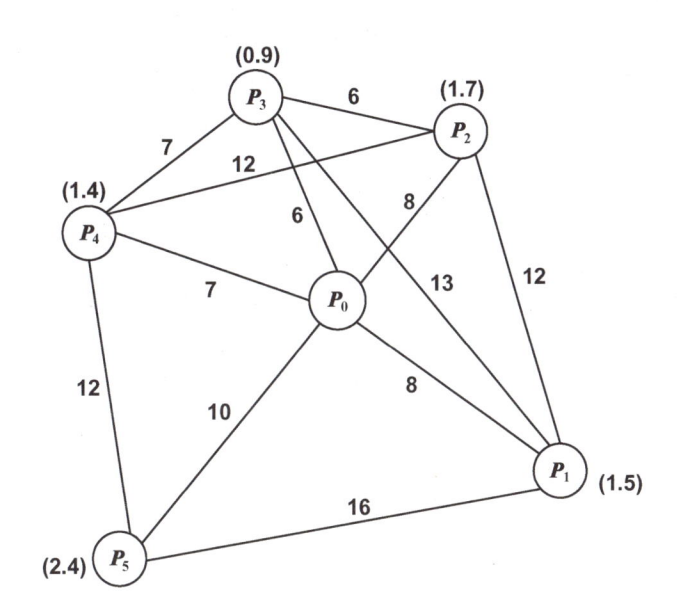

图 5-24 物流（配送）中心到各客户的距离及各客户之间的距离

2. 学生以小组为单位利用周末参观学校附近的超市，了解该超市的收货流程，记录下来后写成报告。

参 考 文 献

[1] 蓝仁昌. 仓储与配送实务 [M]. 北京：中国物资出版社，2011.

[2] 石玫珑. 仓储基础知识与技能（第二版）[M]. 北京：中国劳动社会保障出版社，2014.

[3] 郑彬. 仓储与配送实务 [M]. 北京：高等教育出版社，2013.

[4] 王彩娥. 仓储作业出入库 [M]. 北京：中国财富出版社，2013.

[5] 傅莉萍. 新编仓储与配送实务 [M]. 北京：北京大学出版社，2014.

[6] 林勇平. 出入库作业实务 [M]. 北京：机械工业出版社，2013.

[7] 李守斌. 配送作业实务（第2版）[M]. 北京：机械工业出版社，2019.

[8] 王兰会. 仓管员岗位培训手册 [M]. 北京：人民邮电出版社，2011.

[9] 吕军伟. 物流配送业务管理模板与岗位操作流程 [M]. 北京：中国经济出版社，2005.

[10] 孙红菊. 物流师（仓储配送）三级·基础理论篇 [M]. 北京：中国劳动社会保障出版社，2012.

[11] 北京中物联物流采购培训中心组. 物流与供应链职业基础 [M]. 南京：江苏凤凰教育出版社，2021.

[12] 北京中物联物流采购培训中心组. 物流管理职业技能等级认证教材（初级）（第2版）[M]. 南京：江苏凤凰教育出版社，2021.

[13] 北京中物联物流采购培训中心组. 物流管理职业技能等级认证教材（初级）（第1版）[M]. 南京：江苏凤凰教育出版社，2019.